U0454103

西师范大学法学院"地方法治与地方治理"研究丛书

编 陈宗波

民族地区法治建设的后发优势研究
——重点以广西为例

陈宗波 段海风 主编

本书受广西高校人文社会科学重点研究基地
『广西地方法治与地方治理研究中心』资助出版

知识产权出版社
全国百佳图书出版单位
——北京——

图书在版编目（CIP）数据

民族地区法治建设的后发优势研究：重点以广西为例/陈宗波，段海风主编．——北京：知识产权出版社，2019.12（2020.4 重印）

（广西师范大学法学院"地方法治与地方治理"研究丛书/陈宗波主编）

ISBN 978 – 7 – 5130 – 6644 – 0

Ⅰ.①民… Ⅱ.①陈…②段… Ⅲ.①民族地区—社会主义法治—建设—研究—广西 Ⅳ.①D927.67

中国版本图书馆 CIP 数据核字（2019）第 283315 号

责任编辑：龚　卫　　　　　　　　　责任印制：孙婷婷

封面设计：博华创意·张冀

广西师范大学法学院"地方法治与地方治理"研究丛书

陈宗波　主编

民族地区法治建设的后发优势研究——重点以广西为例

MINZU DIQU FAZHI JIANSHE DE HOUFA YOUSHI YANJIU

——ZHONGDIAN YI GUANGXI WEILI

陈宗波　段海风　主编

出版发行：知识产权出版社 有限责任公司	网　址：http://www.ipph.cn
电　话：010 – 82004826	http://www.laichushu.com
社　址：北京市海淀区气象路 50 号院	邮　编：100081
责编电话：010 – 82000860 转 8120	责编邮箱：gongwei@cnipr.com
发行电话：010 – 82000860 转 8101	发行传真：010 – 82000893
印　刷：三河市国英印务有限公司	经　销：各大网上书店、新华书店及相关专业书店
开　本：720mm×1000mm　1/16	印　张：15.75
版　次：2019 年 12 月第 1 版	印　次：2020 年 4 月第 2 次印刷
字　数：222 千字	定　价：66.00 元

ISBN 978 -7 -5130 -6644 -0

"地方法治与地方治理"研究丛书总序

陈宗波

  "地方"本来只是一个地理空间概念，自从出现了国家这一政治组织形式之后，"地方"一词又增添了新的含义，从政治地理学的角度理解，指的是中央治下的行政区划。既然有了"地方"，就必然有"地方治理"。地方治理既是国家行使权力的重要标志，也是行政治理科学化的重要措施，古今中外，概不例外。

  法治，已然成为现代国家治理的重要特征和必备工具。有学者指出，现代国家治理必备两个系统，即动力系统和稳定系统。动力系统主要来自地方及其个体的利益追求，并付诸行动，推动国家的发展变化；稳定系统由规则体系构成，主要载体是宪法、法律和制度，它们为动力系统提供稳定的运行轨道和程序。法治是一个由国家整体法治与地方法治构成的具有内在联系的严密整体。所谓地方法治，一般认为是地方在国家法制统一的前提下，落实依法治国方略、执行国家法律并在宪法、法律规定的权限内创制和实施地方性法规和规章的法治建设活动和达到的法治状态。地方治理法治化就是将地方治理各方主体的地位职能、行动规则、相互关系逐步规范化，并在治理过程中予以严格贯彻实施的动态过程。地方法治建设是国家整体法治建设的重要组成部分，是我国全面落实依法治国基本方略、建设社会主义法治国家的有效路径，是自下而上推进法治建设的重要切入点。

  在世界多元化的发展格局中，各国治理模式的选择自有其现实依据和发展需要。当下的中国，不管"地方法治"作为一个学术话语还是一个实践命题，其兴起的根本原因还是对经济社会快速发展的现实回应。从经济社会发展需要看，经济越发达，市场主体之间的竞争越激烈，民事主体的纠纷越频繁，财产保护的愿望越强烈，治理法治化的要求越迫切。当国家平均法治化水平无法达到某一先进地区社会关系所要求的调整水平的时候，这些区域就可能率先在法律的框架内寻求适合自身发展的治理规范。在我国，一个有力的证据就是东部发达省市，如江苏、浙江、上海、广东较早探索地方法治与地方治理路径。它们根据经济社会发展的现状，率先提出了"建成全国法治建设先导区"，意指在其经济与社会"先发"的基础上，在国家法制统一的原则下率先推进区域治理法治化，即地方法治。

完善和发展中国特色社会主义制度，推进国家治理体系和治理能力现代化是我国全面深化改革的总目标。应该说，上述这些有益的实践探索契合了我国国家治理的现实需要和理想追求。实践探索往往能够引领理论的创新，时至今日，地方法治早已跨越发达地区的尝试时空并已成为全域性的法治理念。党的十八届三中全会提出，直接面向基层、量大面广、由地方管理更方便有效的经济社会事项，一律下放地方和基层管理。加强地方政府公共服务、市场监管、社会管理、环境保护等职责。法治是国家治理体系和治理能力现代化的重要体现和保障。党的十八届四中全会提出，"推进各级政府事权规范化、法律化，完善不同层级政府特别是中央和地方政府事权法律制度，强化中央政府宏观管理、制度设定职责和必要的执法权，强化省级政府统筹推进区域内基本公共服务均等化职责，强化市县政府执行职责"，"明确地方立法权限和范围，依法赋予设区的市地方立法权"。随后《立法法》对此及时做出了回应，在原有相关规定的基础上，地方立法权扩至所有设区的市。党的十九届四中全会《中共中央关于坚持和完善中国特色社会主义制度 推进国家治理体系和治理能力现代化若干重大问题的决定》提出，要健全充分发挥中央和地方两个积极性的体制机制，理顺中央和地方权责关系，赋予地方更多自主权，支持地方创造性开展工作，"构建从中央到地方权责清晰、运行顺畅、充满活力的工作体系"。这些目标和举措彰显了中国在国家治理体系和治理能力方面的灵活、务实态度和改革、创新精神。

这意味着地方法治在中国地方社会秩序的建立和维护过程中将发挥越来越重要的作用，并且深刻地影响着国家法的实际运行。我国属于单一制国家，有统一的法律体系，在国家治理结构中，各地方的自治单位或行政单位受中央统一领导。但是我国幅员辽阔，不同地方区域的现实状况差别较大。正如孟德斯鸠所说的，法律和地质、气候、人种、风俗、习惯、宗教信仰、人口、商业等因素都有关系。因此，法治建设需要因地制宜，体现地方治理的个性要求，政治、经济、文化和社会发展的不同特点。地方在社会经济发展中形成的法律制度，也应针对实际情况、体现地方特色。可见，地方法治建设要体现地方特色也是法治中国的应有内涵。因此，根据目前我国地方法律制度的特点，着力解决法治中国建设在地方法治建设中所遇到的独特问题，对于推进法治中国建设具有重要现实意义。

广西是少数民族地区，边疆地区，"一带一路"重要门户，华南经济圈、西南经济圈与东盟经济圈的结合部，社会关系敏感而复杂，在社会主义法治国家建设实践中有其自身的特点和情况。在这样的背景下，2013年4月，广西师范大学以法学院为主体单位，依托广西重点学科——法学理论学科，整合区内外专家学者力量，联合自治区立法、司法和政府法制部门，组建"广西地方法制建设协同创新中心"。2014年7月，根据广西地方法治与地方治理理论和实践需要，在"广西地方法制建设协同创新中心"的基础上，进一步加强力量，组建"广西地方法治与地方治理研究中心"（以下简称"中心"），申报广西高校人文社会科学重点研究基地并被确认。2019 年，在前一阶段工作成绩获得自治区教育厅优秀等次考评结果的基础上，又跻身广西高校人文社会科学研究中心 A 类。

中心致力于建设地方法治与地方治理高端研究平台，在较短的时间内，加强软硬环境建设，创新管理体制机制，汇聚学者队伍，构筑学术高地，服务地方社会经济，经过 5 年多的建设，初见成效。

大力汇聚专家学者。中心积极建立健全专家库，在加强校内多学科专家集聚的同时，拓宽人才引进模式，利用灵活、开放的政策，吸引学术影响大的学者和学术潜力强的中青年人才加盟团队。目前中心研究人员近 60 名，其中主体单位广西师范大学主要学术骨干 42 人，绝大部分具有高级职称和博士学位，多人具有省级以上人才称号。目前，形成了地方法治基础理论、广西民族法治与社会治理、广西地方立法、广西地方经济法治、广西地方政府法治、广西地方生态法治等 6 个研究团队。

深入开展地方法治与地方治理学术研究。科研成果是衡量科研人员社会贡献大小的重要标志。中心精心策划，合理配置研究资源，开展了一系列科研活动。一是冲击高端研究课题。自中心成立以来获省部级以上科研项目 36 项，研究经费突破 600 万元，其中包括国家社科基金一般项目 17 项及国家社科基金重大项目 1 项。该重大项目"全面推进依法治国与促进西南民族地区治理体系和治理能力现代化研究"准确回应了中央精神，是西部地区法学领域为数不多的国家社科基金重大项目之一。二是设立研究课题。中心每年安排 30 万元左右，吸收广西内外学者积极开展地方法治与地方治理研究，年资助课题 10 余项，包括重点课题。三是资助出版理论研究成果。中心已资助《民族法治论》《民族习惯法在西南民族地区司法审判中的适用研究》等近 20 部专著出版发行，本系列丛书就属于中心资助出版理论研究成果的一部分。同时中心不限数量资助研究人员发表高水平学术论文。四是组织申报高级别科研奖。2014年来，中心研究人员获得省部级成果奖20多项，其中广西社科优秀成果奖一等奖2项。

当好"智囊"，服务经济社会实践。中心在培育高端服务平台、提供政策咨询服务、参与地方立法等方面已初见成效。目前已经孵化出多个省市级法律服务平台，如"广西地方立法研究评估与咨询服务基地""广西法治政府研究基地"和"广西知识产权教育与培训基地"等，并成为广西特色新型智库联盟成员，从而为地方经济社会发展发挥出更大的整体效用。中心应要求组织专家参与了《中华人民共和国民法总则（草案）》《中华人民共和国国家安全法（草案）》《中华人民共和国境外非政府组织管理法（草案）》修改意见征求工作，以及《广西壮族自治区环境保护条例（修订草案）》《广西壮族自治区饮用水源保护条例（草案）》等80余部国家法律和地方性法规、规章的起草、修改、评估和论证工作。上级有关领导和专家到立法基地视察和调研后，对中心在地方立法工作所做的努力和取得的成绩给予了充分肯定。

可以说，短短5年多时间，广西地方法治与地方治理研究中心的建设取得了可喜的进步，也为广西师范大学法学院法学专业2019年底获评国家法学类一流本科专业做出了贡献。目前，中央和地方高度重视地方法治建设，我们的工作迎来了非常有利的机遇，同时也面临着更高的要求。广西地方法治与地方治理研究中心将坚持围绕广西地方法治基础理论与民族法治建设经验、广西地方经济法治理论与实践、东盟的法律和政策等方面的理论与实践重大问题开展深入、系统的研究，推出一批在区域有一定影响的成果，并以此大力推动广西法学及相关学科的发展，培育本土学术人才和实务专家，为区域社会经济发展和地方治理现代化目标的实现发挥更多的积极作用。

目 录

一、研究背景及意义

自从 1997 年党中央明确提出"依法治国，建设社会主义法治国家"的基本方略，我国开始正式踏上法治的征程，向着这一已获人类最广泛共识的现代制度文明迈进。随着理论和实践的不断深化，党的十八届三中全会、四中全会进一步提出全面推进"法治中国"建设，并上升到国家治理体系和治理能力现代化的高度。2017 年 10 月召开的党的十九大，对此也结合各项事业作了明确的阐述。据统计，在习近平同志所作的大会报告里，"依法治国"一词出现了 19 次，"法治"一词单独出现不下 35 次。2019 年 10 月底召开的党的十九届四中全会，专门研究坚持和完善中国特色社会主义制度、推进国家治理体系和治理能力现代化若干重大问题，提出必须坚定不移走中国特色社会主义法治道路，坚持法治国家、法治政府、法治社会一体化建设。可以说，"依法治国"已成为时代最嘹亮的号角，法治建设已成为全国每一片土地上人民的共同关切。

从局部来看，包括广西在内的民族地区①多位于边疆，族群众多、文化多元，但政治、经济、社会发展水平包括法治建设水平相对落后，故更需大力加强依法治理，带动地区的全面发展。这需要我们结合地区实际情况，尤其是各地的优势和劣势，深入思考如何促进民族地区依法治理，实现治理体系和治理能力现代化，推进地区经济和社会的发展。本书响应近年来中央全面推进

---

① 学界通常认为，关于民族地区的界定，从一般意义上来说，省一级行政单位指民族八省区；从严格意义上来说，包括所有的民族自治地方。这是从行政区划的角度解释民族地区的概念。习近平总书记提出的民族地区集"六区"于一身，是从区域地理的角度对于民族地区的内涵和外延进行的概括性阐释。本书所指的民族地区，兼采行政区划和区域地理的含义。

法治中国建设的号召，重点探讨民族地区法治建设有哪些后发优势，以及怎样加以实现，并针对"法治广西"建设进行具体分析。

总体来看，本书对民族地区如何在"先天不足"的背景下加快法治建设并顺利地达到预期成效，实现地区治理现代化，带动地方的综合发展和整体进步，会有一定的参考价值。同时，本书紧扣广西所处民族地区这一特殊环境，依据广西壮族自治区党委、政府的有关精神，围绕自治区国民经济和社会发展"十三五"规划纲要，从理论和实证层面深入探讨民族地区特别是广西推进法治建设的后发优势，以期为有关工作的开展提供参考和行动设计。

二、研究方法

本书采取了以下五种研究方法。

（1）文献调研法。广泛查阅现有国内外有关后发优势、少数民族民俗习惯与法治建设的学术观点、研究动态，对有关资料进行分析和整理，从中找出可供参考、富有价值的信息，力图站在学术前沿来研究这一课题。

（2）实地调查法。到少数民族聚居（如恭城瑶族自治县、金秀瑶族自治县、三江侗族自治县、扶绥县等地）的农村及政府、司法部门（如当地的司法局、法院、市法制办等）进行实地调研，通过座谈、深度访谈、实地考察了解民俗习惯的表现形式和现实影响，以及有关部门的态度、做法。

（3）问卷调查法。课题组成员在恭城瑶族自治县县城、莲花镇、三江乡向公务人员和农民做了问卷调查；同时，在网络平台发放网络问卷，扩大调查范围。

（4）学科交叉分析法。综合运用经济学、管理学、民族学、法学等学科分析方法对民族地区法治建设的后发优势进行理论探讨，从而形成开放性的视野和综合性的观点。后发优势理论本为经济学上的研究分支，但对于法学研究尤其是地方治理研究颇具启发意义。

（5）比较研究法。在研究中，注重将民族地区的后发优势和劣势相比较，将民族地区和非民族地区的情况相比较，同时将民族地区不同地方的法治建设模式相比较，以取得全面客观的认识。有比较才有鉴别，通过大量的比较研究，我们对问题形成了相对辩证、清醒的认识。

三、创新之处

（一）问题选择的创新

本书以民族地区法治建设的后发优势为题，这是以往中外法学界研究颇为欠缺的领域。任何地区都有其发展优势和劣势，民族地区也是如此，需要人们清晰认识，这对民族地区的法治进程、路径有深刻影响，对整个国家的发展、稳定和文明具有重要的影响。因此，如何在民族地区利用后发优势加快法治建设，把民族地区治理好，这是一个具有全局性意义的问题，也是地方治理的一个焦点。

（二）学术观点的创新

（1）民族地区的法治建设看似整体落后，但潜藏着多方面的后发优势，如本土资源丰富、预留空间广阔，还拥有政策扶持优势、借鉴移植优势、二次创新优势等。这使民族地区在法治建设上有可能"弯道超车"，后来居上。这些后发优势，需要被充分利用，使之实现转化。

（2）在看到民族地区法治建设存在不少后发优势的同时，不可否认后发劣势的存在，如在法治思想、人才、社会环境、内在动力、创新能力等方面，需要对其中的一些固有劣势进行规避化解。这有赖于地方党委、政府多管齐下，对症施治，包括在法治氛围营造、人才队伍建设、社会综合发展、政绩考察办法、学习创新能力强化等方面采取措施。

（3）广西壮族自治区作为边疆民族地区，正处于爬坡过坎提质升级阶段，这既是劣势，也是优势。法治广西建设，可以从依法治市、法治乡镇、法治村屯建设等多个层次展开，由点到面，全面贯通，同时建立健全地方各级法治评估；也可以在民族立法、沿海沿边立法、"一带一路"立法上强化科学立法、特色立法；在广泛学习吸收周边省份的先进经验的过程中，充分结合本地实际，积极创新法治工作，开辟广西法治建设新局面。针对法治广西建设面临的几方面后发劣势，需要从多方面协同发力，弥补自身的不足。

（4）选取广西法治特色鲜明、少数民族聚居、曾获"全国法治县创建先进单位"等荣誉称号的县市，即凭祥市、都安瑶族自治县、罗城仫佬族自治县、金秀瑶族自治县、龙胜各族自治县、扶绥县、象州县7个县市；以及邻近广西且近年来各方面发展较快、被习近平总书记勉励"团结奋进、拼搏创新、苦干实干、后发赶超"的贵州做典型样本，研究、总结它们在利用后发优势开展法治建设的经验，尝试梳理它们各自的发展路径，使之成为某种模式的代表，以使本书更具有实际参考价值。

当然，由于受时间、精力、知识等主客观条件的限制，我们的探索性研究还存在一些疏漏、不足，还有待继续延伸拓展。对于什么是民族地区法治建设的后发优势，如何激活、利用好这些优势，相信仁者见仁，智者见智，各个专业背景的学者也会有不同的观点，需要我们共同深入挖掘、论证。

第一章 关于后发优势的一般理论

后发优势理论方兴未艾，它被明确提出不过半个世纪的光景，引入我国则仅有 30 载左右，但已经在多个社会科学领域绽放出独特的光彩，引起学术界、实务界的普遍重视。后发优势理论不仅对于经济领域的建设影响深远，对于社会整体的发展进步，包括地方治理的提升、法治建设的推进，也极富借鉴意义。

第一节　后发优势理论的提出和发展

一、后发优势理论的提出

1962 年，美国经济史学家亚历山大·格申克龙（Alexander Gerchenkron）在总结德国、意大利等国经济追赶成功经验的基础上创立了后发优势理论。所谓"后发优势"（Late - developing advantage，advantage of backwardness），又称为次动优势（Late - moveradvantage）、后动优势（Second - moveradvantage）、先动劣势，其指相对于行业的先进入企业，后进入者由于较晚进入行业而获得的较先动企业不具有的竞争优势，通过观察先动者的行动及效果来减少自身面临的不确定性而采取相应行动，获得更多的市场份额。具体说来，格申克龙的后发优势理论内涵包括以下几个方面。

第一，"替代性"的广泛存在。格申克龙强调，后起国家由于缺乏某些工业化的前提条件，可以、也只能创造性地寻求相应的替代物，以达到相同的或相近的结果。替代性的意义不仅在于资源条件上的灵活性和时间上的节约，更重要的在于使后起国家能够根据自身的实际，选择有别于先进国家的独特发展道路和发展模式。

第二，后起国家会引进先进国家的技术、设备和资金。格申克龙指出，引进技术是正在进入工业化的国家获得高速发展的首要保障因素。后起国家引进先进国家的技术和设备可以节约科研费用和时间，快速培养本国人才，在一个较高的起点上推进工业化进程；资金的引进也可解决后起国家工业化中资本严重短缺的问题。

第三，相对落后会造成紧张状态，从而激起国民要求现代化的强烈愿望，以致形成社会压力，激发制度创新，促进本地以适当的替代物弥补先决条件的缺乏。

第四，后起国家可学习和借鉴先进国家的成功经验，吸取其失败的教训。在这方面，后发优势主要表现为后起国家在形成乃至设计工业化模式上的可选择性、多样性和创造性。后起国家可以借鉴先进国家的经验教训，避免或少走弯路，采取优化的赶超战略，从而有可能缩短初级工业化时间，较快进入较高的工业化阶段。

有学者将第一点和第四点合并在一起①，把后发优势理论的含义理解为三个层次。该理论意味着，我们在理解"替代性的广泛存在"之时需要注意的是，后起国家在吸收先进国家成功经验和失败教训的基础上形成或者设计发展模式时，需要方案具有可选择性。同时，因为自身缺乏某些先天条件，其可能也需要进行创新来寻求符合自己发展的"替代物"，以保证取得与先进国家相同或者相近甚至更好的工业化效果。

二、后发优势理论的发展

1966 年，美国社会学家马里奥·列维在《现代化与社会结

---

① 郭丽. 后发优势理论演进及其启示［J］. 当代经济研究，2009（4）：58.

构》一书中，从现代化的角度将后发优势理论具体化。他认为后发优势通常有以下五点：后发国家对现代化的认识要比先发国家更加丰富；其可以借鉴和采用先发国家较为成熟的计划、技术、经验及与其相适应的组织结构；可以跳过先发国家的一些发展阶段，规避先发国家发展中出现的问题；能够对本国的现代化发展进行更清晰的预测；后发国家还可以通过先发国家对其在资本、技术等方面的帮助在短时间内迅速发展。①

1989年，阿伯拉莫维茨（Abramoitz）提出"追赶假说"，即不论是以劳动生产率还是以单位资本衡量，一国经济发展的初始水平与其经济增长速度都是呈反向关系的。② 我们可以理解为一个国家处于技术落后但是社会有所发展的状态下，是具备经济高速增长的巨大潜力的。

1993年，伯利兹（S. Brezis）、克鲁格曼（R. Krugman）、齐登（D. Tsiddon）在总结发展中国家成功发展经验的基础上，提出了基于后发优势的技术发展的"蛙跳"模型（Leapfrogging model；Le nogging），也称"国际竞争蛙跳增长模型"③。它是指在技术发展到一定程度、本国已有一定的技术创新能力的前提下，后进国可以直接选择和采用某些处于技术生命周期成熟前阶段的技术，以高新技术为起点，在某些领域、某些产业实施技术赶超。④ 该模型为后发国家在技术上和经济上赶超先发国家进一步奠定了理论基础。

1996年，范艾肯（R. Van Elkan）在开放经济条件下建立了技术转移模仿和创新的一般均衡模型，他强调，经济欠发达国家

① 杨启博. 中国跨越式发展中若干问题的法治探索 [D]. 西安：西安科技大学，2015：3.

② 高兵. 京津冀教育协同发展战略探究 [M]. 北京：知识产权出版社，2016：60.

③ BREZIS S，KRUGMAN R，TSIDDON D. Leapfrogging in International Competition：A theory of cyclesin national technological leadship [J]. American Economic Review，1993，83（5）：1211 –1219.

④ 贾康，苏京春. 新供给经济学 [M]. 太原：山西经济出版社，2015：50 –54.

可以通过技术的模仿、引进或创新，最终实现技术和经济水平的赶超，转向技术的自我创新阶段。[①]

总体来看，格申克龙的后发优势理论，首次从理论高度阐释了后发国家存在着相对于先进国家而言取得更高经济发展效率、赶上乃至超过先发国家的可能性。列维则强调了现代化进程中，后发国家在认识、技术借鉴、预测等方面所具有的后发优势。阿伯拉莫维茨提出的"追赶假说"，伯利兹、克鲁格曼等提出的"蛙跳模型"，都更明晰地指出或反映了后发国家具有的技术性后发优势。范艾肯等经济学家则从计量经济学的角度，验证了经济欠发达国家可以通过技术的模仿、引进或创新，最终后来居上。[②]

经济学界围绕后发优势为什么会存在，还产生了其他一些基础理论，如免费搭乘效应理论、沉没成本理论、态度转变理论、资源基础理论和组织惯性理论。本书以表1.1的形式，对以上五种理论进行简要地说明。

表 1.1　关于后发优势产生原因的基础理论

理论名称	含义	观点说明	代表人物
免费搭乘效应理论	后来的消费者或企业得到某种收益却不用支付相关费用	①该理论在基础经济学中主要用于公共物品的分析。 ②这可以看作是先进入企业投资的一种外溢效应（spillover）。 ③后进入企业可能会在产品和工艺研发、顾客教育、员工培训、政府审批、基础投资等多方面比先进入企业节省大量投资，却同样可以受益	利伯曼（Lieberman），蒙哥马利（Montgomery）1988，1990

---

① VAN ELKAN R. Catching Up and Slowing Down: Leaning and Growth Pattens in An Open Economy [J]. Journal of International Economics, 1996 (41): 95 – 111.

② 黄志斌，吴慈生. 中西部地区"两型社会"建设的总体战略研究 [M]. 合肥：合肥工业大学出版社，2015: 210 – 212.

理论名称	含义	观点说明	代表人物
沉没成本理论	先进入企业会有已经发生而无法收回的费用	①在市场初期，顾客需求和技术的不确定性往往导致先进入企业有可能产生错误的战略，而后进入企业可以从先进入企业的错误中吸取教训。②非连续性的技术变革（technological discontinuities），会使先进入企业的早期投资很快过时，从而使后进入企业在下一代产品中采用更先进的技术和更有效率的生产工艺，获取竞争优势	汤姆森（Thomson）2000
态度转变理论	消费者的态度形成后虽然具有相对的一致性，但并不是永恒固定的，它能够被改变	①后进入者可以通过改变消费者的偏好而不仅仅是应对消费者偏好的策略，来战胜先动优势。②一个能够娴熟地影响和改变消费者偏好的后进入者，能够获得差异化优势	卡彭特（Carpenter），中本（Nakamoto）1990
资源基础理论	企业所拥有的资源和能力是竞争优势的最终来源，后进入市场的企业很可能具有资源优势	①先动优势的持续性依赖于先驱企业拥有的初始资源和以后发展的资源及能力的支撑。如果先驱企业在资源、能力的数量和质量方面难以与后来者匹敌，则先动优势很难保持。②具有丰富资源和优势能力的企业，常常后进入市场，能轻而易举地战胜较小的先进入市场的企业	钱德·勒（Chandler）1990

理论名称	含义	观点说明	代表人物
组织惯性理论	组织发展到一定程度，或多或少都会产生一些惯性。一般来说，组织产生时间越长，惯性往往越大，这严重损害了先进入企业的竞争力	①先进入企业往往由于惯性，不能适应环境和机遇的变化，依然固守于最初的技术和营销战略，企业组织可能会变得官僚化，企业运作变得程式化，与其他组织的交流关系和分销关系固定化，缺乏技术远见和新思想，不愿改进工艺技术和引进新产品。②有时先进入企业虽然已经认识到了威胁，也采取了改革行动，但由于僵化陈旧的组织因素，往往导致改革失败	利伯曼，蒙哥马利 1990

　　马克思主义理论中虽然没有专门论述后发优势问题，但从不同的角度谈论了这一问题。在马克思和恩格斯看来，相对于资本主义而言，社会主义、共产主义的发展就具有丰富的后发优势，因为后者可以接纳、借鉴前者的发展成果和经验。共产主义社会是在吸收、继承发达资本主义国家所取得的一切文明成果基础上，物质文明和精神文明都高度发展的社会。不发达国家拒斥、撇开资本主义的文明成果，是不可能真正进入社会主义的，更遑论共产主义，其必将难以跨越资本主义"卡夫丁峡谷"。因此马克思指出："一个国家应该而且可以向其他国家学习。一个社会即使探索到了本身运动的自然规律，它还是既不能跳过也不能用法令取消自然的发展阶段，但是它能缩短和减轻分娩的痛苦。"①但关于19世纪末落后的俄国能否跨越"卡夫丁峡谷"，他持肯定态度。他认为，俄国完全可以抓住历史的机遇，充分吸收借鉴西欧资本主义国家的经验教训，不必亲身经历资本主义发展的苦难

---

　　① 马克思. 资本论（第1卷）[M]. 北京：经济科学出版社，1987：11.

历程，就有望拥有资本主义创造的、为社会主义社会所必需的那些成就。这就是马克思的"落后国家跳跃理论"所揭示的"后发优势"的内涵（原著中使用的是"落后优势"一词）。

列宁更反复多次强调要借鉴资本主义国家的宝贵经验，继承它们的全部文化遗产，包括它们的科学技术、知识和艺术、管理经验与各类人才。列宁认为，在俄国这种落后国家建设社会主义，尤其要学习西欧发达国家的经验，吸收他们的成果。可见，马克思主义经典作家们对这一问题有深刻的洞察，各国实践也证实了他们的观点。

19 世纪以来，相对落后国家（德国、美国等）比工业革命的先行者、老牌资本主义帝国英国发展速度更快，甚至全面取代其"江湖地位"；比苏联约晚 30 年建立社会主义的中国在实力和国际地位上迅速赶超"老大哥"，并在 40 年的改革开放中达到了西方资本主义国家上百年的建设成就，这都充分体现了后发优势的存在。

后发优势理论从 20 世纪 90 年代开始由西方引入中国，基于我国各方面的快速发展，对于后发优势的研究经历了从最先的经济发展优势理论研究，到基于国家视角的政治、社会后发优势理论，再到基于区域视角的综合性后发优势理论研究，并逐步深化的过程。笔者查询了中国知网的期刊文献，以"后发优势"为关键词，搜索了 1990 年以来我国研究后发优势理论的文章，发现自 1998 年（23 篇）以来迅速增多，2001 年达到 190 篇，此后到 2015 年一直保持在每年 100 多篇的数量，直到近几年才有所减少。同时直观地发现，后发优势理论的研究早已突破了经济领域的界限，广泛扩展到了媒体发展研究、制造业发展研究、服务行业发展研究、教育行业发展研究、科学技术发展研究、消费导向研究、旅游发展研究、城市乡村建设研究、环境保护研究、竞技体育发展研究、法学流派与法律部门法研究等多个领域。

第二节 法学界关于后发优势的研究

一、国内有关的理论研究

国内法学界有关法治后发优势的研究还非常缺乏，故在此对我国有关学者在法治本土资源及法治现代化方面的相关理论研究做出分析，诸如探究区域法治发展，分析欠发达地区的法治治理模式、跨越式发展中的法治问题，尝试从中寻找有关法治后发优势的论述。北京大学苏力教授认为："寻求本土资源、注重本国的传统，往往容易被理解为从历史中去寻找……但本土资源并非只存在于历史中，当代人的社会实践中已经形成或正在萌芽发展的各种非正式的制度是更重要的本土资源。"① 按苏力教授的观点，若要发挥法治后发地区的优势，不仅应吸收本国、本地历史上的经验和资源，还应从当前的社会资源、文化习惯中去探索和寻找。充分利用本土资源，有助于使地方法治建设跨越误区或常规路径，以更接地气、更加顺畅的态势快速前进，赢得比较优势。

同时需要注意的是，把握法治后发优势的脉搏，不能走封闭僵化的老路。中外法学学者普遍认为，中国未来的法治是以权利为本位进行的权利、义务的重新配置，应通过建立各种制度赋予公民政治权利、文化权利和社会权利，给予公民更多的选择自由。现代法律的价值不单单局限于维护社会正常秩序，而应以法律制度为保障，不断促进经济增长、文化发展、社会各项事业协

---

① 苏力. 法治及其本土资源 [M]. 北京：中国政法大学出版社，1996：14.

调发展。① 而传统法律制度较难做到这些方面、实现这些价值。因此，梁治平、邓正来等学者都认为，对于先进的域外法律文化，可以在一定程度上借鉴，因为中国社会的未来会受到"现代化范式"的支配；但同时，法治后发地区要对自身优秀传统法律秩序兼容并蓄。

有人提出，在我国西部民族地区，法治建设起步晚、底子薄、人才少，多年来进展较慢，总体水平偏低，可以以"网上办案、网上办公"为抓手，坚持建设与应用并重，加强与法治发达地区对接，积极学习，注重发挥后发优势，通过提高信息化水平来增加信息资源的数量，提高质量，大力推进信息化工作。同时，推动自身的法治资源整合积累，建立省级数据资源库，利用大数据等技术来缩小与发达地区的落差。②

杨勇总结概括了贵州发挥后发优势的法治环境：积极维护法律的权威，通过结合国家对地方的支持政策和有关文件精神，使原有的民族地区性法规和有关条例保持与时俱进，发挥法律的动态调控作用，对严重落后于时代的规范性文件进行集中修改，逐步尝试建立完善系统的动态法治体系。通过发展社会主义市场经济，改善营商环境和优化执法环境，树立新时代中国特色社会主义法治思维，明确国法和人情的关系，统一法律思想和认识，让法律为经济发展保驾护航，而经济的发展又促进良好的法治意识的形成。增强对人才的重视观念和培养力度，发挥教育在基础建设中的作用，开展多渠道的法治宣传，通过教育的方式来提高广大人民群众的法治意识，提升社会整体价值观，在借鉴发达地区法治经验的基础上形成完备良善的法律规范体系，发挥其法治的

---

① 邓正来. 中国法学向何处去 [M]. 北京：商务印书馆，2006：63.

② 中国社会科学院法学研究所. 法治蓝皮书·中国法院信息化发展报告 No.1 (2017) [R/OL]. [2017 - 02 - 23]. http：//news. china. com. cn/txt/2017 - 02/23/content _ 40347319. htm.

后发优势。①

赵怀胜在《推进法制建设，夯实西藏跨越式发展和全面建成小康社会的法治基础》一文中从民族法制建设这一角度，分析了西藏跨越式发展中存在的法治经验和问题，并提出了提高法律意识、完善民族法规及制定宗教管理法规等建设性意见。②

公丕祥先生认为，在研究法治后发优势时，应深入分析区域法治发展现象在国家法治发展进程中所展示出来的特色，亦即"区域中的国家之分析原则"③。采用这个原则对研究法治后发优势有重要的策略借鉴作用，利于发挥区域在社会发展和整个社会治理中的推动作用，协调部分和整体的辩证关系，充分发挥自我协调和社会治理的能动作用。这种发展与社会组织性和秩序性也是密不可分的，通过协调来促进社会的发展进步。引导地方社会的发展进程，在地方治理变革不断深入推进的大背景下，发挥其对社会进步和经济增长保驾护航的持续作用，这对于优化地方的法治环境有极大的促进意义。在马克思主义法学的指导下，应充分发挥地方法治实践的能动作用，并通过一定的法律制度和社会秩序来作用于人们的生产和生活。联系马克思主义的唯物史观，发挥法治后发优势应该重视调节个人与社会之间的关系，构建出充满活力、安定有序的规则体系。④

有人提出，实现跨越式发展应该完善法治建设，加强制度保障，实现法治创新，具体包括遵循规律进行法律创新和法律清理，科学立法，立法者对事物的发展规律应该有良好的预见性，在现代法治起步相对西方发达国家较晚的情况下，应该对发达国

① 杨勇. 贵州发挥后发优势的法治环境探析［C］//贵州省法学会. 首届贵州法学论坛文集. 贵阳：贵州人民出版社，2000：405.
② 赵怀胜. 推进法制建设夯实西藏跨越式发展和全面建成小康社会的法治基础［N］. 林芝报（汉），2015 - 10 - 16（3）.
③ 公丕祥. 法治发展的区域分析——一种方法论的讨论［J］. 法学，2018（5）：3 - 14.
④ 公丕祥. 法治中国进程中的区域法治发展［J］. 法学，2015（1）：3 - 11.

家或地区的法治进行比较研究，进行合理的借鉴和避开相应的陷阱；同时改进和完善执法，加强法律监督，以实现更高的法治目标；进一步优化法律职业队伍的建设，促进公民法治意识的觉醒，弘扬优秀法治文化。①

有学者认为，发挥法治后发优势，必须转变思想观念，纠正当前一些地方在立法、司法和执法方面所存在的"眼光朝上不朝下"的陋习，回应公民的法律需求，结合我国社会实际建设权责统一、高效廉洁的法治政府，在全面依法治国的大背景下依照宪法和有关法律规定，引导法治落后的地方发挥后发优势。②

汪习根、武小川详细阐述了跨越式发展的法治模式，并侧重于好制度和好政府，强调了赋权、导向、供给、激励、强制和救济等若干机制；要求将特定的公共资源与利益赋予特定的主体，使其在法律上可以排他性地占有处置并获得收益，赋予地方政府更多的权力，实现更灵活的发展。跨越赶超发展与常规发展的最大区别在于从自由为主转向平等为主的价值导向，从以市场自发导向为主转变到公共权力依据政策和法律导向为主，并强化法律导向的承载功能。倡导建立平衡的供给机制和互动机制，以期实现资源的合理配置；同时尽可能将跨越式发展进行量化分析，列入到约束性指标而非弹性指标之中；衔接好规划纲要与立法之间的关系，在规划纲要指引下优化法律规范的创制。③

高全喜教授在其《"法治中国"及其指标评估的"后发国家"视角》一文中认为，后发国家与全球化的交集、超大规模与一般国家的交集，是今天中国制度变革所蕴含的双重张力性关系，它们决定了法治中国蕴含普遍性基础上的特殊性这一当代特

---

① 杨启博. 中国跨越式发展中若干问题的法治探索［D］. 西安：西安科技大学，2015：5.

② 周尚君. 地方法治试验的动力机制与制度前景［J］. 中国法学，2014（2）：50 – 64.

③ 汪习根，武小川. 跨越式发展的法治模式与机制研究［J］. 武汉大学学报（哲学社会科学版），2012（4）：42 – 50.

征。后发国家与全球化交集，迫使我国的法治进程不能仅仅局限于传统意义上后发国家的发展模式，而是需要应对同时态的全球化这个新问题。中国的法治经验也能够为其他后发国家等多元主体所学习和借鉴。当然，其他后发国家的经验，如亚太一些国家的法治本土经验，也可为中国的法治现代化所共享和学习，而不是仅局限于学习英美等西方国家的经验。①

同时，朱景文先生在《关于法律与全球化的几个问题》一文中也指出，在整个法律领域，经济的全球化必然伴随着全面的法律改革。那种面对全球化的发展，坚持闭关自守的狭隘民族主义、地方主义，拒绝吸收外国的先进做法而走封闭僵化的道路，只能把自己排除在世界之外，并将继续加大与世界上法治发达国家的距离。但是，法治全球化决不意味着世界各国都接受同一的法律模式或在统一的世界法中生活。② 因此，在选取域外先进法律制度、方法的同时，应当注意将其转化为适合本国国情的法律元素，避开发达国家在法治化进程中可能出现的陷阱，发挥法治后发国家的独特优势。

二、国外有关的理论研究

国外学者大部分从经济、社会层面研究后发优势理论，对法治层面的探讨相对较少，因此我们对国外学者的研究进行一定的总结，最终归纳出有关法治后发优势的论述。

后发优势理论是西方学者以发展中国家为研究对象，在对现代社会的研究中不断发展并完善的。美国的安·塞德曼（Ann Seidman）、罗伯特·塞德曼（Robert B. Seidman）夫妇认为，不能仅仅通过复制法律而获得成功，正如其他任何一个第三世界国

---

① 高全喜. "法治中国"及其指标评估的"后发国家"视角［J］. 学海，2015（3）：33–40.

② 朱景文. 关于法律与全球化的几个问题［J］. 法学，1998（3）：4–11.

家不能期望通过复制亚洲"四小龙"发展的路径获得成功一样。只有通过法律的有效应用来改变其依照固有的约束和资源形成的社会制度，促使其追求自身发展的道路，才有可能取得成功。这两位学者还认为，当非洲国家取得独立后，没能改变国家的落后现状，是因为缺乏良好的法律和制度变革，因为"好的制度产生好的政府"①。

如前所述，美国列维所指出的后发国家在现代化建设中的五点后发优势，伯利兹所提出的"蛙跳"理论，对法治后发的国家和地区也同样适用，因为法律也是社会现实的反映。在跨越先发国的一些常规发展阶段，对未来法治的前景形成明朗的预测，更好地解决法律存在的滞后性问题；有针对性地学习借鉴法治先发国家的法律经验，吸取他们的失败教训；根植于本国实际，制定先进的法律制度，建构融会贯通而又体现本国特色、需要的法律文化，更好地发挥法律的指引、规范能动作用，以上措施都可以充分体现法治的后发优势，实现法治的跨越式发展，使后发国家有望在国际法治竞赛中胜出。

英国法律人类学家麦克斯·格卢克曼（Max Gluckman）认为，针对法律术语的问题来说，任何一个部族的法律概念与其他部族的法律概念是类似的，甚至与罗马法和欧洲法也是近似的。所以他主张，落后的部族或国家可以通过学习、引入其他先进地区的法律制度，实现快速的发展。②

英国苏格兰的法制史专家艾伦·沃森（Alan Watson）认为，不同法律制度间经常可以实现成功的移植，西欧对罗马法的接受，日本对法国、德国法律的大量学习，土耳其、埃塞俄比亚等国家对大陆法系民法典的借鉴等，都使他们快速地走上了现代法

① 安·塞德曼，罗伯特·塞德曼. 发展进程中的国家与法律：第三世界问题的解决和制度变革［M］. 冯玉军，俞飞，译. 北京：法律出版社，2006：57.

② GLUCKMAN M. Politics，Law and Ritual in Tribal Society［M］. Oxford：Basil Blackwell，1965：218.

治的道路。① 日本法学家、中央大学法学教授小岛武司也曾系统地论述了日本移植外国法律的经验，称日本法律融合了英国、法国、德国法律，成功形成了一个统一的法律制度。②

移植、借鉴以外，还需要改良、创新。列宁认为，继承前法不等于照抄旧法，后来者制定的新法应上升到更高的水平。列宁针对 1922 年制定《苏俄民法典》一事在《给德·伊·库尔斯基的信并附对民法典草案的意见》中指出，社会主义国家制定新的法律，不能因袭以前的资产阶级法律，一味照抄，而是要和这种行为作斗争，要根据国家和社会的实标情况，根据革命的形势确立新的法律，包括新的民法制度。在新的民法典编纂问题上，虽不能照搬资本主义国家的法律，但是旧的资本主义国家经验中对于保障人民群众利益的部分还是要吸收和借鉴，不能一味否定③，从而实现苏俄法制更好更快的发展，使之成为保障苏俄建设的重要支撑，这充分展现了落后国家法治建设的后发优势。

三、对于后发型法治国家、地区的经验实证研究

（1）新加坡的后发型法治实践。

新加坡法治传统是伴随着殖民统治而形成的，具有外源性法治国家的特点，在研究法治后发优势上也具有一定的分析意义。新加坡在缺乏法文化主体性的环境和缺乏对法律历史渊源的前提下，被动地接受西方法（特别是英国法）的制度与理论，在模仿英国普通法的基础上融合自己独特的商业环境特色，构建后发型法治国家自己的法治体系。

---

① WATSON A. On Legal transplantation and legal reform [J]. Law Quarterly Review, 1976，92：79.

② 小岛武司. 比较法、法律改革与法典编纂 [C] //沈宗灵，王晨光. 比较法学的新动向——国际比较法学会议论文集. 北京：北京大学出版社，1993：49 - 60.

③ 李颖. 马克思恩格斯法治思想及其当代价值研究 [D]. 桂林：广西师范大学，2016：23 - 28.

赵莉在《新加坡法治模式探析》一文中谈到，新加坡的法治发展历史从 1867 年成为英国直属殖民地开始，新加坡特殊的国情为其从无到有的法治之路提供了一种可能性。新加坡的法治发展有自己的成功经验。首先，不割断历史、不脱离国情。在法治建构、运行过程中充分发挥国家领导人的作用，完善内部制约机制，不干扰司法的相对独立性，保持对法律的敬畏和尊崇，是新加坡法治后发优势得以显现的重要因素。其次，由于其独特的地理、社会因素，诸如国土狭小、资源缺乏、人口多元、海上交通便利、经济外向，故而全社会都有一种强烈的危机意识和尊法守法意识。新加坡法治模式实现了权力的制度化和权利的制度化，有着与之相适应的法律制度、原则和规则，建立了统一、高效而又协调的法律体系。

杨建学在《新加坡法治模式初探》一文中分析，新加坡发挥法治后发优势，成功的模式正是法治的普遍性原理与本国实际相结合的产物，体现了普遍性与特殊性价值的统一及共同体价值与法治价值的融合。[1] 厦门大学南洋研究院院长庄国土教授也提到，新加坡是一个法律法规非常完备的国家，其法律法规具有很强大的执行力且操作性很强，"只要法律定下来，那一定会被执行得特别彻底，当年美国政府出面为在新加坡被判鞭刑的美国公民求情都没有用"[2]。对于新加坡的法治经验，我国亦可以在某些方面予以借鉴吸收。

（2）日本的后发型法治实践。

历史上日本是长期显现出法治后发优势的代表性国家之一。在明治维新运动之前，日本一直受中国文化的影响，法律层面也不例外，而影响最深的莫过于唐律——作为中华法系律法的典型代表，对亚洲特别是东亚各国产生了重大影响，日本《大宝律

---

① 杨建学. 新加坡法治模式初探 [J]. 东南亚纵横，2009（6）：29－32.
② 范凌志. 法治是新加坡人的"幸福之源"：法律法规完备 [N]. 环球时报，2015－03－25.

令》及同时期东南亚国家的法律皆来源于此。日本著名法学家穗积陈重曾指出："日本法律属于中华法族者盖一千六百年矣，虽自大化革新以后经历极多巨大之变化，而日本法制之基础仍属于中国之道德哲学与崇拜祖宗之习惯及封建制度。"① 这充分显示古代日本法律深受中国法律影响，积极向中国学习，从而在法制上直接享受到封建社会成熟阶段的成果。

到了 19 世纪的后半段，中国与一衣带水的日本均被西方国家的坚船利炮强行轰开国门，被动开启了近代化的进程。日本主动开始了对西方包括法律制度在内的先进制度的学习、借鉴与融合，并在 20 世纪初成功获取了资本主义强国"朋友圈"的入场券，不仅摆脱了沦为殖民地的命运，法治也初步确立并逐步完善，最终成就了法治近代化乃至现代化，这是值得我们反思的。

冯玉军教授在《中日两国法治近代化的三元比较——以1860—1910 年为时间跨度的考察》一文中对日本的法治近代化发展进程进行了概括与总结。他认为，日本法治近代化的 50 年间，从思想、制度到实践三位一体对西方法治进行了学习，积极发挥法治后发优势，向西方特别是法德等大陆法系国家学习相关制度。初期即明治维新之前对西方的学习多是在科技层面，学习"西洋之器物"，而对西方包括法律在内的政治制度没有足够的重视，没有突破"东洋道德，西洋技术"的观念。明治维新之后，日本的精英群体发现制度上学习西方胜于仅仅停留在科技层面的学习，此后开始对其法律制度进行改革。日本官方在思想上调动了全国的积极性，学界和官方相配合，使得近代西方法律思想顺利地为民众所了解和接受。近代资产阶级法律制度在日本迅速建立。② 不过新法在同日本法律传统之间的融合发展中亦发生了剧

---

① 杨鸿烈. 中国法律对东亚诸国之影响 [M]. 北京：中国政法大学出版社，1999：173.

② 冯玉军. 中日两国法治近代化的三元比较——以 1860—1910 年为时间跨度的考察 [J]. 东方法学，2015（2）：2 – 18.

烈的冲突，不管是在宪法还是在民商法方面，无不是在经历了艰难的摸索后才逐步落地、完善。日本的法律中刑、民、商三法先借鉴法国，制定者在立法过程中发现法国模式与本国实际不相符合，故最终"弃法投德"。至现代，日本被迫进行了美国式的民主化改造，在废除"明治宪法"的基础上，制定了深受美国宪法影响的新的《日本国宪法》（1946 年）。上述法律形成了现代日本法的雏形。江利红在《论法治主义在日本的形成与发展》一文中认为，"二战"后，日本作为战败国在盟军的强压下制定了具有民主主义色彩的新宪法，放弃了"明治宪法"中所采用的"天皇主权"原则，确立了国民主权原则和国会中心主义，并在此基础上规定了对国家权力进行限制和对国民基本人权进行保障的内容，由此实现了法治主义从形式向实质的转变，是一个历史的进步。①

（3）印度的后发型法治实践。

印度作为亚洲一个外源性的法治后发国家，受英美法系的影响，其宪法和法律将法治奉为基本的治理原则，而法治在这里有四个核心的理念：权利、发展、治理和公正②。该国法制除了要求对政府权力进行合理限制，还要求公众积极参政议政。印度注重充分发挥出法治的后发优势，通过加强对英国法律的学习和继承，释放法治对经济发展和社会进步的积极作用。印度司法制度在印度法治建设中发挥了重要作用。法院特别是最高法院努力确保法治对个人权利和自由的尊重不仅仅停留在纸面上，而且体现在其真正的精神中。最高法院宣布法治是印度宪法的基本特征之一。尽管印度宪法中没有体现"法治"这一术语，但在判例中频繁出现。可以说，印度这样一个近代以来多方面比较落后的多民

---

① 江利红. 论法治主义在日本的形成与发展［J］. 人大法律评论，2014（2）：17－42.

② 邓常春，邓莹. 印度的法治及其对服务业增长的影响［J］. 前沿，2014（Z9）：81－84.

族国家，能取得今天的发展成就尤其是法治状况已属不易。当然，印度作为法治后发国家，在社会治理和发展民主政治上还有很多不尽如人意的方面需要改进。˅

总的来说，无论国内地区还是域外国家、地区都对法治建设的后发优势有所研究，并在各地取得一定的法治实践成就。根据我国法治发展的现状，需以积极的态度应对法治全球化的浪潮。分析研究各国在法治发展中的成功经验并避免其经历的误区、陷阱，从而发挥本国法治的后发优势，进一步推动中国特色社会主义国家法治化的进程，并为我国经济实现又好又快的增长保驾护航。

第二章 民族地区法治建设的重要意义

当前，我国正在全面建设法治国家、法治政府、法治社会。积极推进、大力开展民族地区的法治建设是其中一项非常重要的内容，它具有多方面的深远意义。这既是国家大环境发展的要求，也关涉法治中国建设目标的实现，更对民族地区社会发展的各方面起重要的推动和促进作用，是民族地区全面实现现代化和建成小康社会的制度保障。

第一节　民族地区法治建设是法治中国建设的基本依托

民族地区的依法治理是依法治国的具体化。民族地区的依法治理不是对依法治国或者依法治省的简单文字复制或者政策复制，而是在依法治国已取得现有成就的基础上，在坚持法治统一的大前提下，在民族地区开展法治建设实践工作。民族地区法治建设的推进体现着法治中国建设的阶段性和区域性成果，是法治中国建设的基本依托。

一、民族地区依法治理是法治中国的重要版图构成

我国幅员辽阔，人口众多，民族多样。民族地区面积占我国国土面积的大半以上。民族地区在社会、经济、历史、文化等方面各有特色，尤其在人员组成、资源环境、生产生活、宗教信仰、风俗习惯上与其他民族显著不同，这些因素客观上又影响甚

至制约着当地社会的经济建设和文化发展。建设法治中国仅仅依靠中央统一推进显然不符合我国基本国情。我国中西部及东北一些省份是多民族地区，它们是祖国不可分割的版图构成；同样，民族地区依法治理也是法治中国的重要版图构成，民族区域治理法治化与法治中国建设息息相关。各民族地区应当根据自身的实际情况来设计和推进当地的法治建设。这样，法治中国的目标才能顺利实现。

二、民族地区法治水平是法治中国的"晴雨表"

"区域法治是国家法治在一定区域内的展开，是根据区域不同的自然环境、经济基础、历史传统、民族习惯等因素实施法治治理，形成具有区域特色的法治运行模式。"① 民族地区法治发展在现有的国家法治建设框架之内，保留民族特色，发扬民族治理之优良经验，进而发展民族治理法治化，更全面地实现法治中国。我国民族地区的经济发展、文化发展及社会治理各方面的法治水平是依法治国成果的区域性体现。民族地区法治水平是中国法治程度的体现，也是法治中国的"晴雨表"。

广西作为一个多民族聚居的自治区，是我国建设多民族和谐统一国家的区域典型。广西地方政府正在积极推进法治广西的建设，全面系统地做好民族聚居区的法治工作。广西的法治水平一方面体现了区域发展和区域治理的水平，另一方面也直接反映了国家的法治水平。

三、民族地区法治建设是法治中国建设的基础

公平与正义是法治的普世价值，更是法治中国的价值追求。

---

① 张文显. 变革时代区域法治发展的基本共识［C］//公丕祥. 变革时代的区域法治发展. 北京：法律出版社，2014：3.

民族地区法治建设的目的之一就是建立区域法治秩序、维护当地社会稳定、化解民族矛盾和社会纠纷，为本地区的人民创建公平与正义普遍实现的和谐社会。但是，各民族地区的社会发展水平不同，人民的文化水平与价值理念存在差别，民族地区法治化的实现路径必然有其独特性。一直以来，国家政府以法治中国为目标，一方面中央立足于全局发展，领导和推进全国统一的法制体系建设，全方面推进法治中国建设。另一方面伴随着依法治国的推进，中央也非常重视民族地区治理的区域性和民族性，兼顾民族地区法治化的特殊性和后发性。顺应区域发展特性的民族地区法治建设能够在现实意义上促进法治中国的最终实现，是法治中国建设的基础。21 世纪以来，广西壮族自治区党委和政府与党中央保持高度一致，立足于本地区基本的民族情况，全力推进广西的法治建设和经济进步，夯实本地区各民族团结进步的基础，并且在社会转型和经济转轨过程中，注意化解各种社会矛盾，建设各民族和睦共处、经济有序发展和社会繁荣安定的良好局面，为建设法治中国做出了应有的贡献。

第二节　民族地区法治建设是民族地区经济繁荣的内驱动力

习近平总书记指出："坚持中国特色社会主义道路，是新形势下做好民族工作必须牢牢把握的正确政治方向。……要千方百计加快民族地区经济社会发展，让民族地区群众不断得到实实在在的实惠。"党的十八届五中全会公报指出："经济保持中高速增长，到 2020 年国内生产总值、城乡居民收入人均水平比 2010 年翻一番，产业、消费、户籍、农业现代化都取得明显发展，人民生活水平与质量普遍提高, 国民素质与社会文明程度显著提高。"① 我国是多民族国家, 全面小康的社会应当是全国各民族经济共同繁荣的社会。然而, 我国某些民族地区经济发展的客观情况仍不理想, 还存在自然生态环境脆弱、生产方式简单粗放、经济基础设施薄弱、人力资源与文化教育落后的现象, 地区经济发展落后于其他省份或地区。经济的发展催生法治的需求, 可以说任何一个国家和地区的经济繁荣都离不开其法治建设所产生的内在驱动。同样, 建立健全经济发展保障制度, 实现民族地区法治, 也是民族地区经济发展和繁荣的内驱动力, 广西是这方面的一个缩影。广西的经济总体水平不算高, 区域经济发展也不均衡, 但这正强化了当地社会对改革民主与法治、提高法治政府建设绩效的需求。

一、当代民族地区经济也必然是法治经济

美国经济学家布坎南 (Buchanan) 曾经说过: "没有合理的法律制度, 市场就不会实现效率最大化。"② 法之于经济, 其作用在于确认经济关系、明确市场主体地位、确立经济发展原则、规范引导市场行为、保障经济良性发展。无论中外, 法学界和经济学界早已达成普遍共识: 市场经济就是法治经济。党的十八届四中全会也指出: 社会主义市场经济本质上是法治经济。社会主义市场经济建设的实践证明, 市场经济建设需要法治的引领和规范。健全的法律制度体系及其有效的实施运行, 为市场经济的健康快速发展提供正当和必要的制度基础。当然, 对于民族地区而言, 经济发展仍然处于发展的核心地位, 经济快速发展要求经济运行市场化, 经济发展市场化要求市场运行法治化。由于地域原

---

① 中国共产党第十八届中央委员会第五次全体会议. 中国共产党第十八届中央委员会第五次全体会议公报 [R]. 2015 - 10 - 29.

② 布坎南. 自由、市场和国家 [M]. 北京: 社科文献出版社, 2004: 79.

因和历史原因，我国民族地区经济发展水平总体不高，民族地区经济发展缺乏制度意识和法治保障，导致经济发展难以顺利实现市场化。当代民族地区需要通过法治建设来构建健全的市场体系，从宏观上实行总体调控，完善市场不足，从微观上维护交易秩序，服务经济活动。民族地区法治能够促进当地市场经济的有序高效发展，当代民族地区经济也必然是法治经济。

改革开放以来，尤其是进入市场经济体制建设的新时期以来，作为少数民族聚居地区，广西社会关系受到经济转轨、国际环境等因素的影响，对地区经济发展提出了新的制度层面要求，尤其是法治层面要求大力开展法治建设，一方面在宏观上为广西区域市场经济提供良好的制度保障，另一方面在微观上便于做好各项经济活动的指导和调控，从而为地方经济发展保驾护航。

二、"经济 GDP"与"法治 GDP"同根相生

我国近40年经济快速发展的巨大成就举世共睹，以"经济GDP"为主要考核标准的政绩评价体系起到了极大的推动作用。然而在落实科学发展观的过程中，人们越来越发现，除了经济发展以外，协调兼顾政治、文化、环保、社会事业等各方面的共同发展才是真正的可持续发展。仅仅重视"经济 GDP"而忽视社会发展过程中的其他因素，经济不可能长足发展，也不可能真正实现全面小康社会。市场经济发展取得领先成就的发达省区的经验是：抓经济就必须推进法治，"经济 GDP"与"法治 GDP"不可偏废。

因此，进入 21 世纪以来，我国进入法治建设快速发展的阶段。在依法治国作为治理国家的基本方略的基础上，党的十八大报告进一步提出，以"法治政府"的基本建成作为我国全面建成小康社会的重要目标之一。2013 年 11 月党的十八届三中全会更为具体地指出："建设法治中国，必须坚持依法治国、依法执政、

依法行政共同推进，坚持法治国家、法治政府、法治社会一体建设……建立科学的法治建设指数体系和考核标准。"① 虽然现阶段我国法律体系已经基本完整，但是有法律不等于法治。法治推行的难题如何解决？法治的效果应该如何评估？中国政法大学马怀德教授率先提出"法治 GDP"的概念及法治政府评价方法，得到很多学界同仁和地方政府的认同。"法治 GDP"，即一个国家或者地区的法治实现程度的量化评估指数，是政府治理水平及其公职人员政绩的量化评价。全国各省份先后颁布了法治政府评价的"通知""意见""办法"，江苏、浙江、湖南、广东等省更是率先推进了法治政府建设指数体系的具体建立，将"法治 GDP"引入政府考核体系，以"法治 GDP"和"经济 GDP"同时作为政府公权力运行效果的评价指标。

"法治 GDP"是法治国家、法治政府及法治社会的数据化体现，实现"法治 GDP"有利于"经济 GDP"的同向共增，能够促进民族地区经济的持续健康发展。根据 2016 年广西壮族自治区第十一次党代会报告，在过去的 5 年，广西综合实力迈上了新台阶。"经过'十二五'发展，广西壮族自治区的地区生产总值达到了 1.68 万亿元，年均增长 10.1%，人均地区生产总值达到5650 美元。除此之外，地区经济发展还提交了其他靓丽数据：高技术产业增加值年均增长 20%；……外贸进出口总额年均增长23.7%；招商引资到位资金增长 2.2 倍……"同时，该工作报告也指出，"经济 GDP"的快速增长与地方法治的稳步推进是分不开的。广西的地方立法工作得到加强，法治政府建设持续推进，司法体制改革取得突破，全社会法治意识和司法公信力不断提高。可见，"法治 GDP"与地方"经济 GDP"是同向共增的正比关系。

---

① 中国共产党第十八届中央委员会第三次全体会议. 中国共产党第十八届中央委员会第三次全体会议公报［R］. 2013 – 11 – 12.

三、法治建设推动民族地区经济持久繁荣

如前所述，民族地区的经济发展仍然处于发展的核心地位，但是民族地区经济体制转型相对滞后，民族地区的经济发展更要求政府与市场之间明确划分各自的职能边界。党的十八届四中全会指出："使市场在资源配置中起决定性作用和更好发挥政府作用，必须以保护产权、维护契约、统一市场、平等交换、公平竞争、有效监管为基本导向，完善社会主义市场经济法律制度。"[1] 在经济发展相对落后的民族地区，同样唯有实行法治，才能够明确产权、统一市场，才能给民族地区经济发展提供一个可靠的保障。唯有深化法治，才能够维护契约，才能定分止争，才能促进交易。唯有完善法治，才能实现民族地区政府公权力的有序运行和有效治理。经济的繁荣发展与法治的推进完善是一个共生的关系，规范的政府和完善的法治将推动民族地区经济持续繁荣发展。

以广西桂林市为例，桂林是一个民族风情浓郁的旅游城市，旅游经济的发展与当地政治、经济、文化存在着多向度的互动关系，旅游市场监管、旅游资源保护、旅游文化的开发一直是地方市场法治化的重要内容，这就需要当地政府在地方旅游经济发展的过程中，注重旅游资源权属保护、维护合法契约、确保公平竞争和交易安全。桂林市政府应坚持依法推进简政放权，明确政府权力清单，简化行政审批事项，提高政府行政效率，在治理过程中明确权力与权利的界限，全面实现法治。这样，当地的旅游经济才能持久不衰，日益繁荣，世界旅游胜地的桂冠才不会褪色。

---

[1] 中国共产党第十八届中央委员会第四次全体会议. 中共中央关于全面推进依法治国若干重大问题的决定 [R]. 2014-10-23.

第三节　民族地区法治建设是民族地区安定团结的制度保障

"多民族是我国的一大特色，也是我国发展的一大有利因素。民族团结是各族人民的生命线。我们要充分重视各民族在经济文化发展上的差距，切实保障各民族的平等权益，促进各民族互相尊重、互相学习、互相合作、互相帮助。"① 关注民族地区的差异性，利用当地有效资源，借鉴和推广先进地区的法治经验，缓解内部和民族之间的矛盾，缩小民族间的制度差距，可以更好地实现民族地区的安定团结。目前，我国建设法治国家已经进入实质阶段，推进民族地区的法治建设，用法治来保障民族地区的安定团结，具有鲜明、深远的意义。

一、民族地区的安定团结是各项工作的基础

从国家治理层面上看，民族地区的安定团结一方面关系国家的主权利益，另一方面关系民族地区乃至国家的稳定。从社会全面发展角度看，民族安定团结与否也影响民族地区政治、经济、文化、环境、社会事业等所有方面的发展。这些方面工作的有效开展都需要民族地区政府、人民和社会组织进行友好、默契的合作。民族地区是否长治久安，各民族是否团结和谐，无疑会直接影响这些合作的开展。

① 国家民族事务委员会. 中央民族工作会议精神学习辅导读本［M］. 北京：民族出版社，2015：25.

二、法治环境是民族地区安定团结的前提

当今社会，依法有序治理是形成安定团结的民族社会环境必不可少的前提基础。第一，随着民族地区发展进程加快，民族交往日益频繁，因文化差异和经济利益冲突等原因诱发的民族矛盾时有凸显。要缓和民族矛盾并且致力于各民族共同发展，需要国家和民族地区通过具体立法来确定民族关系的处理原则和处理方法，也需要通过执法活动和司法活动平衡民族利益，更需要各民族人民自觉守法，依法参与经济活动与社会治理。第二，一些别有用心的民族主义极端分子打着民族或者宗教的旗号，联合外国极端势力，煽动民族情绪，制造矛盾事端。因此，必须借助法律手段对这类恶性事件进行预防和处置，对待这些行为，执法必严、违法必究，这样才能真正保护民族地区的安宁与稳定。

我国是一个多民族国家，各民族在社会发展与民族往来中应彼此认同、相互尊重，和谐共处。《中华人民共和国宪法》第4条规定："中华人民共和国各民族一律平等。国家保障各少数民族的合法的权利和利益，维护和发展各民族的平等团结互助和谐关系。禁止对任何民族的歧视和压迫，禁止破坏民族团结和制造民族分裂的行为。"以此为纲，《中华人民共和国民族区域自治法》和各民族自治地方的有关法律文件里也都以明确的条文宣示了建设团结和谐的民族关系的努力目标。各地在民族区域治理中应依据现有立法，实行民族地区治理法治化，从政府行为法治化、市场服务和管理法治化、社会服务提供及监管法治化、民族文化保护和开发法治化等多方面正视民族地区特点，化解民族矛盾，促进民族地区长期的安定团结，保障民族地区持续性发展。

第四节　民族地区法治建设是民族地区迈入现代文明的快速通道

法治建设是一个系统工程，涉及政治建设、经济建设、环境保护、文教卫生等社会事业的各个方面。而我国民族地区的经济发展、资源利用、环境保护、科技教育等领域体现出来的整体文明发达程度大多落后于沿海发达地区。法治建设为民族地区这些事业的发展提供制度规范，保障其实施并监督其实施效果，从而把民族地区推向现代文明。

一、法治是制度文明的典型体现

经济发展催生先进的制度文明。市场经济建设与全面实施依法治国的经验告诉我们，法治的手段比政治的、经济的、道德的手段更具有科学性、稳定性和权威性。首先，法治建设能够突破旧有的体制障碍，提供有效的制度供给和制度安排，为社会的稳定有序发展提供有力的保障。法治建设确认社会主体之间的关系，规范其行为，设立社会发展各方面各环节的法律规范和运行机制，实现有法可依。其次，法治建设能够为民族地区人民提供公平正义的制度框架。国家要求人民自觉遵守法律，除了有法可依以外，还要求执法机关与司法机关严格依据法律行使权力。法治要求民族地区各权力机关在职权行使过程中严格做到依法行政，接受社会监督，将权力关在制度的笼子里，真正让社会各主体体会到社会主义民族法治的公平与正义。最后，法治能够促进法律权威的树立，使民众信仰法治，在社会活动中自觉地遵法守法。因而，法治的实现将意味着民族地区在制度文明、物质文明和精神文明的建设上进入更高的阶段。

二、法治有助于民族地区实现治理现代化

中华人民共和国成立前，我国民族地区治理多重视行政管理而忽略法治推进，行政工作人员缺乏法律素养，法律意识薄弱，实施行政行为时缺乏规范意识与服务意识，导致民族地区治理水平低下。全面实施法治要求并且促进民族地区权力机关建设地方法治政府，接受社会监督，完成"管制行政"向"服务行政"的转变，以"法治GDP"为杠杆进行社会治理的效果评价，逐步实现民族地区治理的现代化。就广西而言，无论是制度的顶层设计，还是具体环节的展开，区域治理工作都有值得反思和提升的空间，具有广西区域特色的民族地区治理机制仍需继续实践和完善。在立法层面如何充分考虑广西地区内少数民族民众利益的分配，在司法层面如何建立解决民族区域各类利益冲突的司法渠道，在行政方面如何提高各级政府的工作能力、规范其行政行为，这些都是实现区域治理现代化的过程中必须反复思考和探索的问题。

三、法治提升民族地区的社会文明程度

法治是一个国家、地区走向现代文明的标志，民族地区的法治水平体现并影响该地区社会发展的文明程度。经济法治为民族地区市场经济发展提供制度规范和运行保障，环境法治保障民族地区人民生态环境的可持续发展，医疗卫生与教育事业的法治化切实提高民族人口素质和改善民众生活水平。所以，维护法治、健全法治是提升民族地区社会文明程度的必然选择。以区域环境保护为例，桂林的漓江流域环境保护、北海的滨海红树林环境保

护、乐业的天坑地质环境保护，都先后被重视并进入法治保护的实践环节，这对当地的生态环境而言意义重大。再以民族文化保护为例，广西大部分市县都积极将当地少数民族文化的保护与开发纳入法治轨道，如龙胜各族自治县和三江侗族自治县的侗族大歌、百色的黑衣壮文化等，当地政府探索将其纳入法律保护的范围，这对民族地区的文化传承、民族认同，实现民族地区环境资源与文化资源的优质管理、提升民族地区的社会文明程度是有积极意义的。

第五节　民族地区法治建设是我国东中西部均衡发展的联结纽带

对于我国这样一个幅员辽阔的国家来说，各区域的发展不可能同步。以往我国区域发展的特点是：东部先行，中部紧跟，西部相对滞后。而我国西部多为民族地区，东部和中部地区在过去的40年中，为西部民族地区的发展包括法治建设提供了丰富的经验。我国西部大开发方兴未艾，各民族地区在发展区域经济的同时也在加快地区立法步伐，通过地区法治化来保障和促进民族地区的稳定发展，逐步缩小西部民族地区与中西部发达省份之间的差距。

一、法治缩小东中西部发展差距

我国东部、中部地区的发展经验已经表明，在区域发展中，良好的法治体系是经济发展的助推器和安全网。以法治来保障社会发展的科学性、持续性和稳定性，这是区域发展的共同需求。

所以，在西部民族地区大开发的过程中，必须发挥法治的最大实效。西部民族地区可以充分借鉴和移植东中部地区的法治经验，立足于本地区实际，以市场经济建设为中心，以法治建设为保障，实现地区经济、社会、资源、环境、文教等方面的协调、可持续发展。西部民族地区借鉴东中部地区现成的发展经验，可以有效避免失误、少走弯路，提高发展速度与效率，更快地缩小东中西部的发展差距。

二、法治建设促进东中西部深层协作

东中西部的深层协作是社会发展新时期的现实诉求，这样的诉求尤其体现在区域经济协作发展上。除了经济发展方面，西部民族地区在文化教育、医疗卫生、环境治理等方面也需要东中部地区的支援和投入。例如，我国长期以来实行的东中部地区对西部民族地区的人才支援，包括行政和专业技术人员支边、支教、援医，这些都推进了东中西部在社会发展各方面的深层协作。运用法治手段创立东中西部有序、协调的协作机制，有利于明确区域协作发展过程中各主体间的法律关系，合理分配权力、权利与义务，通过法治化实现区域协作各方的利益均衡，实现共同、长远发展。

第三章 民族地区法治建设的后发优势

第一节 本土资源丰富

民族地区法治建设有丰富的本土资源，如在保护环境及资源、建设和谐社会与和睦家庭、减少刑事案件、强化规则信仰等方面的治理规范相当充分、细密，有助于当前法治文化的培育。

一、民族习惯法多姿多彩

广西作为西南边疆民族地区，生活着许多世居民族。民族地区习惯法传统悠久，流传至今、影响甚广。民族习惯法缘起于少数民族之独特价值观念、行为方式、礼仪习惯并彰显至今，其内含该民族生存和发展所必不可少的价值要素。习惯法作为一套流行于边疆民族地区的地方性规范，其形成于少数民族长期的生活与劳作过程，依赖于一套传统乡村社会的关系网络而实施，可用来妥当分配乡民之间的权利、义务，亦能有效调整和解决乡民之间的利益冲突。例如，广西金秀瑶族自治县的《大瑶山团结公约》就是对古老石牌制的借用；苗族的《新议榔条款》，以落实计划生育、保护森林土地、维护生存为主要内容。它们都促进了社会主义经济和社会主义文明。

民族习惯法内容丰富、形式多样，是中华习惯法体系的重要组成部分，其可直接作用于当地民众，普遍施行于民族地区，影响不可小觑。

2018年8月下旬，笔者针对瑶族民俗习惯在法院审判中的作用在桂林少数民族群众聚居的×县做了调研。结果显示，该县人民法院的审判实践中，多数法官愿意主动运用民俗习惯来解决案件纠纷，且取得了理想的效果。82%的受访法官认为，民俗习惯在某些情况下更能有效地解决纠纷，容易做到"案结事了"。该县人民法院每年平均审理的500多个民商事案件中，近95%的案件均有少数民族的当事人参与。受访的法官们结合自身的司法经验进行判断，运用民俗习惯解决纠纷，当事人的接受程度高达90%。

据调查可知，民俗习惯在审判实践中的运用主要集中于传统民事审判领域，该县人民法院审理四类案件中民俗习惯的运用可以占到该院民事案件的50%～60%，包括婚姻、继承、权属、侵权等类型的案件。

另外，调查显示，当地83%的法官在调解阶段运用过民俗习惯，38%的法官在各个阶段都运用过，只有8%的法官在各个阶段均未适用过，运用民俗习惯进行调解的法官远远多于未适用过民俗习惯的法官。对于民俗习惯在民事审判领域中有较明显作用，能得到该院大多数法官的认同，并且人们也能够接受理解，社会效果也较好。

在执行领域能否运用民俗习惯呢？当地多数法官认为，执行程序中不能不正视民俗习惯。如果在执行程序中善于运用当地群众普遍遵守的一些规则，就能够起到使案件顺利执行，避免矛盾的激化，促进社会和谐，让民众把更多的精力放在生产发展中等积极作用。在×县法院，对于涉及农村土地纠纷、家庭纠纷，执行法官很难单纯地依靠强制力来执行，基本上都需要充分考虑到当地的民俗习惯及借助当地的社会力量来完成执行。该院在执行中的一些做法是，不执行被执行人祭祀物品，当地节日不上门执行，在执行过程中采取与被执行人家族中有威望的人通报情况等措施，使得被执行人绝大多数能配合法院的执行工作。

民族习惯法今天已成为社会主义国家法的重要补充，民族习惯法依据少数民族或民族地区之传统社会组织权威而约定俗成，且只专长于调整民族社会内部关系，而与外部关系基本无涉，其规则具有较强的强制性和习惯性，与国家制定法并行不悖，亦符合法律多元主义的理念。

民族习惯法的形成原因既有自然地理、生活环境、经济状况和风俗习惯的因素，亦有文化发展、历史传统不同的因素，其依据特定社会组织和权威，以习惯权利和习惯义务为内容。民族习惯法的一整套行为规范具有一定强制性、惩罚性，既有一般法之权利义务内容，又能有效调节乡土社会之内部关系，兼具一定执行力，可纳入社会主义法治体系，作为国家制定法的另一端，发挥多元治理的作用。此举可弥补国家法之历史与现实空隙，在维持民族地区社会秩序方面起到不可取代的重要作用。

二、注重道德伦理的作用

少数民族传统伦理道德思想虽受历史的、社会的局限，但亦反映了中华民族道德上的文明进步，因而同样具有长久的思想价值，存有生生不息的道德智慧。

民族地区忠厚节义精神源远流长，至今不辍。很多少数民族之所以历尽艰难困苦而长兴不衰、坚忍不拔，全族拧成一股绳，具有强大的内部凝聚力，就在于他们极其重视整体利益，始终强调"舍己从人""舍己为群"，忠诚厚道，节义为先，忠于族人，忠于乡土，童叟无欺，爱惜羽毛，为了维护声誉和集体利益甚至愿牺牲自己的性命。这使他们在义利冲突面前较容易做出正确的判断。

三、借助乡土文化宣传教化

民族地区传统文化深厚，农耕文明源远流长。而传统文化、农耕文明饱含乡土生活规则，其能引领社群成员的心理、行为和关系，形塑社会治理的理念、方式和秩序。民俗文化、手艺文化、新乡贤文化均可发挥宣传教化功能。

传统节庆、集市庙会、图腾祭祀、红白喜事、山寨大歌等民俗文化是乡土生活之历史积淀，也是乡村公共活动的平台资源，其在民族地区可充分释放协调乡民行为、深化族群认同和维系传统价值的功能。在后工业化时代重兴民族手艺文化，可让民众重新认知多姿多彩的民族传统手工艺，激活其中承载的习俗、情感、价值观念和生活方式，激发当地民众的民族自豪感、自信心和对真善美的热爱。新乡贤文化的宣传教化功能则更为全面。由素质较高的寨老等新乡贤的嘉言懿行示范引领，有利于在民族地区弘扬善行义举，传承乡村文明，让社会主义核心价值观扎根乡村；新乡贤深孚众望，在乡村礼俗社会和法理社会的互通中，可以充分发挥排难解纷、团结乡邻、教化民众的特殊功能。

因此，民族地区借助乡土文化资源，在新农村建设中，可以提升乡风文明、提高农民素质，保护乡土文化生态，重新唤起家园乡愁的归属和认同。在美丽乡村建设中，如能始终坚持乡土文化引领，则可促进"产业—生态—人文"一体化运行；在文明村镇建设中，如能传承发展优秀传统文化，践行社会主义核心价值观，则能为民族区域乡土文化的开发、保护、传承和创新注入源头活水，从而有力维护民族地区社会的和谐秩序。

四、追求社会和谐和家庭亲睦

民族地区社会一贯和谐有序，构成社会细胞之家庭古往今来亦追求和睦共处，久而久之形成构建和谐社会、创建幸福家庭的内在动力。在边疆民族地区，和谐思想一直都是社会文化和家庭文化建设的核心。千百年来，西南边疆世居民族与其他各民族共同创造了继往开来的中华和谐文化，民族地区因此同样具有深厚的和谐与和合文化底蕴，其源远流长，传统悠久，并以巨大的无形力量，发挥着潜移默化的影响，深深地镌刻在西南边疆民族心理和民族性格之中。和谐的文化氛围不仅是当地社会、家庭生存和发展的前提条件，而且也是社会与家庭追求的最高境界。

法治国家、法治政府、法治社会的一体建设需要建立一套与之相适应的文化价值观体系。当今世界的经济基础已经变成信息、知识、创意和文化，亦即文化建设已成为当今经济建设的核心。民族地区民间社会和谐传统悠久，各民族和谐交融，孝老爱亲，家庭深谙和睦之道，和谐共处的精神和和睦持家之价值观已成为一种自发的、能动的、无形的力量，不仅可以增进社会与家庭的内部凝聚，而且能够实现创造性转化，成为全民守法的民意基础与社会基础，为法治边疆乃至法治中国的建成奠定心理基础、文化基础。

广西扎实推进扫黑除恶专项斗争，切实维护社会和谐稳定。2018年，中共中央、国务院决定开展扫黑除恶专项斗争以来，广西各级人民法院坚持以新时代中国特色社会主义思想为指导，始终把专项斗争作为一项重大政治任务抓紧抓实，认真贯彻落实党中央、最高人民法院、自治区区党委的部署，科学谋划、依法履职、精心组织、迅速行动，依法严惩黑恶势力犯罪及其"保护伞"，并取得了显著的阶段性成果。一审受理涉黑社会性质组织犯罪案件29件390人，已审结20件270人；一审受理涉恶犯罪案件170件957人，已审结110件656人；一审受理黑恶势力"保护伞"案件4件4人，已全部审结。中央电视台和各大门户网站等多家新闻媒体对梧州张某某等22人涉黑案、桂林李某等39人涉黑案进行了深入报道，引起社会强烈反响，打出了专项斗争的强大声威。截至2018年11月15日，广西法院一审受理涉黑案件数在全国列第12位、人数列第11位。①

2019年，广西法院系统牢牢把握"十个新突破"和"五个下功夫"的工作要求，从几个"进一步"上下功夫，即进一步提

---

① 卢林峰，黄明强.广西法院严惩涉黑恶犯罪及"保护伞"［N］.广西法制日报，2018－12－29（1）.

高政治站位，强化责任担当；进一步实施精准打击，严惩黑恶势力；进一步强化线索摸排，参与综合治理；进一步坚持问题导向，完善工作机制；进一步加大宣传力度，营造良好氛围。

五、纠纷化解机制多元

坚持把非诉讼纠纷解决机制放在前面，实现矛盾纠纷及时高效从源头化解，这是现实情况、文化基础和不少实践探索的共同需求。从现实需要看，当前基层法院"案多人少"的矛盾较为突出，导致基层法官工作负荷过重，客观上难以很好地兼顾办案质量。所以，有必要推动从源头上减少诉讼增量，让法官有更多精力审理疑难复杂案件。从文化基础看，我国的优秀传统文化中历来就包含对社会和谐、人际关系和睦的美好憧憬，有"以和为贵"的思想。从实践探索看，浙江创造的"枫桥经验"的核心要求就是小事不出村、大事不出镇、矛盾不上交。进入新时代，广西吸取新时代"枫桥经验"的精髓，探索实践了"三治融合"的基层社会治理模式，通过自治消化矛盾、法治定分止争、德治春风化雨，把矛盾纠纷化解在小、化解在早、化解在基层。

当前，广西正在探索以"矛盾纠纷不上交""矛盾不成讼"为目标，在全自治区试点开展"无案件、无诉讼、无信访""三无"村（社区）创建，探索善用理、法、情使大家都能心平气和、和睦相处，达到以和为贵、止争无讼的效果，把矛盾化解在萌芽状态。其主要的做法是：把问题解决在源头；把矛盾化解在当地；把服务延伸到一线；把调解前置于诉讼；把"和文化"根植到心底。

（1）象州行政调处经验。

近年来，象州县调处办以着力保障和改善民生，全力维护社会稳定工作为重点，坚持稳定压倒一切，"预防为主，调防结合"，严格按照"能调则调、当裁则裁、调裁并重、标本兼治、案结事了"的方针，扎实有效地开展土地、山林、水利"三大纠纷"调处工作，取得了显著成效。

健全制度，强化排查机制。县调处办和职能部门在调处"三大纠纷"工作中，不断强化排查新机制，建立健全了一月一排查、每月上报、督促检查、督办结案等制度。全县很少因"三大纠纷"引发群体性事件和群体性上访事件，对全县社会稳定、经济发展起到积极的推动作用。

密切配合，调处跨界纠纷。"三跨"（跨地区、跨县际、跨方镇边界）纠纷历来是调处工作的重点和难点。为了有效地消除"三跨"纠纷，促进市、县接边地区人民群众团结和谐，推动接边地区经济发展，县调处办坚持以事实为依据，以法律为准绳，尊重历史，面对现实，遵循有利于生产生活、有利于经营管理、有利于安定团结的原则，以协议结案为主、裁决为辅进行调处，确保了"三跨"纠纷的解决。2014年，该办配合市调处办成功调解了马坪镇其塘村与柳江县穿山镇六庙村的土地纠纷、水晶乡公举屯与金秀桐木镇界排村的林地权属纠纷，由于及时调处，避免了群体性斗殴事件发生。

重视信访，化解基层矛盾。县调处办和有关职能部门站在为政府分忧、为群众解愁的高度，坚持以人为本，牢记全心全意为人民服务的宗旨，热情接待每一位来访群众，认真阅读每一份信访材料，对来访者动之以情、晓之以理，避免了门难进、脸难看、话难听、事难办的现象，做到了来访必接、来信必复。

（2）都安司法调处经验。

近年来，都安瑶族自治县人民法院大胆探索，勇于创新，全力推进矛盾纠纷多元化解机制建设，整合化解矛盾纠纷资源，建立健全矛盾纠纷多元化解体系，努力把矛盾纠纷解决在萌芽状态和诉讼之前。多元化解工作呈现出信息化手段与传统做法融合、法院主导与各方力量参与的特点，取得明显成效。民事纠纷诉前化解率、案件结案率在广西壮族自治区基层法院中排名领先。

借助信息化手段化解矛盾纠纷。2017年4月以来，都安瑶族自治县法院依托智慧法院信息平台，加强司法服务，目前已在不设法庭的乡镇——澄江、高岭、隆福、板岭等4个乡镇司法所挂牌成立诉讼服务工作站，实现诉讼服务网络全覆盖。同时，法官积极指导司法所和人民调解委员会对矛盾纠纷进行诉前调解，如果调解不成功，则通过远程设备将案卷材料进行电子扫描并传输到法院诉讼服务中心，进行网上立案。2018年至2019年1月，法官通过远程设备在乡镇诉讼服务站进行诉前调解矛盾纠纷106起，化解78起，远程立案28起。①

引入第三方参与化解矛盾纠纷。都安瑶族自治县法院2015年12月起在法院大院内设立"法律服务工作站""法律援助工作站"，邀请律师、法律工作者等作为第三方为群众提供法律咨询、法律援助、判后答疑等服务；积极沟通协调，邀请人大代表、政协委员参与化解矛盾纠纷工作。该院还引入保险公司参与化解交通事故纠纷，有效提高了化解矛盾纠纷的效率。

开通诉调对接"直通车"。该院在都安瑶族自治县矛盾纠纷化解中心设立诉调对接办公室，派驻一名法官与相关部门工作人员联动，专职负责诉前调解，重点解决拖欠农民工工资、医患矛盾及"三大纠纷"等多发易发案件，使大批矛盾纠纷在矛盾纠纷化解中心成功化解。

发挥专家库、乡贤库作用化解矛盾纠纷。该院成立专家库，聘请相关行业专家，对特殊案件调解工作进行指导，提高案件的调解效率。都安瑶族自治县法院在法院机关、乡镇法庭设立以全国法院模范、退休法官卢汉票名字命名的"卢汉票工作室"，聘请卢汉票为"特别调解员"，负责案件庭前、庭中、庭后的调解和释法析理工作。成为"特别调解员"后，卢汉票参与调解的矛盾纠纷超过250起。此外，该院还吸纳专业技术人员、基层组织

---

① 莫小松. 干警电话成了法律咨询热线［N］. 法制日报，2019－02－12（3）.

负责人、社区工作者、网格管理员、"五老人员"（老党员、老干部、老教师、老知识分子、老政法干警）等品行良好、公道正派、热心化解矛盾纠纷并具有一定沟通协调能力的个人作为"特别调解员"，开展矛盾纠纷化解工作。

都安瑶族自治县法院还在全县扶贫移民安置点和东盟国际物流城设立 29 个巡回法庭，除了审理涉扶贫移民权益纠纷案件外，还为移民提供法律咨询、诉前调解和联动调解等法律服务。2017 年以来，该院已化解涉及贫困户纠纷 300 多件，有 79 起纠纷通过巡回法庭在诉前得到化解。[①]

六、尊崇生态文明思想

全国生态环境保护大会作为我国生态文明建设和生态环境保护事业发展进程中的一次历史性大会，最重大的理论成果是全面系统总结并确立了生态文明思想，这为推动新时代生态文明建设指明了方向、提供了遵循。广西上下深入领会、准确把握生态文明思想的丰富内涵和精神实质，学习贯彻生态文明思想，加快建立健全以生态价值观念为准则的生态文化体系，以产业生态化和生态产业化为主体的生态经济体系，以改善生态环境质量为核心的目标责任体系，以治理体系和治理能力现代化为保障的生态文明制度体系，以生态系统良性循环和环境风险有效防控为重点的生态安全体系，让生态文明思想在八桂大地落地生根。

西南边疆省份位于珠江、长江流域中上游，是维系华南、中南地区生态安全的重要屏障。其自然禀赋得天独厚，遗传资源丰富多彩，多样的生态环境孕育了丰富和独特的生物多样性。以广西为例，其作物遗传资源总量、水稻品种、野生稻种质资源均居

---

① 红日，覃毛. 旸谷跃升：都安瑶族自治县人民法院 2017 年纪实［EB/OL］. (2018 - 05 - 29)［2018 - 10 - 23］. http://www.ddgx.cn/html/2018/0523/21946.html.

全国之首；传统技术、文化、产品富有特色，既有壮瑶医药等传统民族医药及田间养鱼、梯田水利等传统技术，又有山林、树木崇拜等民族信仰及糍粑、蓝靛瑶保苗节等传统民族文化，还有金秀绞股蓝、六堡黑茶等传统地理标志产品。

民族地区人民深知"生态优势金不换"，自古以来长期坚持人与自然和谐相处，让良好生态环境成为人民生活质量的保障。依托西南地区丰富的遗传资源，少数民族居民对遗传资源的认识和利用具有传统优势，西南边疆诸多少数民族在以下方面拥有广泛且实用的传统知识：农作物、畜禽鱼类、传统医药、药方和疗法、生物产品、传统种植、生产和加工方式、民间艺术和传统文化。近年来，广西推进实施 ABS 项目（Asset Bauked Securitization），已基本建立遗传资源获取与惠益分享制度的法律框架，进一步增强了决策者和公众对遗传资源、传统知识的了解，保护与传承了生物多样性传统知识，公平分享了传统知识产生的惠益，为全国乃至世界的生物多样性保护和经济社会的可持续发展树立典范。

民族地区政府历来重视生态保护，不懈地致力于擦亮"山清水秀生态美"这一金字招牌，做出决策建设"生态文明示范区"，让良好生态环境成为展现"美丽中国"的发力点。污染防治是决胜全面建成小康社会的三大攻坚战之一，是广西全力补上的突出短板。广西加强大气污染防控，加强工业企业污染综合治理，强化国土绿化和扬尘管控，调整能源结构，优化调整货物运输结构，促进空气质量明显改善；加强水污染防治，加强畜禽和水产养殖污染防治、城镇和园区污水处理设施建设、水源地保护和江河湖海水环境治理；加强土壤污染治理和固体废物管控，建立广西耕地土壤环境质量分类清单，建设一批土壤污染防治示范工程，建立健全全区固体废物全过程监管体系。此外，广西持续开展农村环境整治，结合"美丽广西"乡村建设活动加快制订实施农村人居环境整治三年行动方案，深入推进农村污水垃圾治理，坚持不懈推进农村"厕所革命"，实现村屯"硬化、净化、绿化、亮化、美化"。

在民族地区，生物多样性保护监管更有力度，生态保护补偿机制更易健全，自然资源与生态环境保护者的利益更易于保障，自然资源产权和用途管制制度更健全，人民群众对生态环境和生物多样性保护参与度更高，这有利于生态环境与自然资源保护立法、执法、司法、守法。

广西坚定不移走绿色发展道路，立足广西生态优势，以改善生态环境质量为核心，以保障和维护生态功能为主线，以绿色循环低碳发展为路径，以体制机制创新为动力，盘活生态资源，开发生态产品，推动生态资源向生态资产、生态资本转变，实现生态资源价值增值，力求把广西的绿水青山变成金山银山。走绿色发展道路要加强生态保护和修复，严守生态保护红线，加快发展新型生态工业、农业和服务业，推进传统产业绿色化改造，培育壮大绿色经济，要深化生态文明体制改革，构建绿色发展制度体系，积极培育生态文化，形成绿色发展共同价值理念，这为开展生态法治建设提供了良好的基础。

第二节　预留空间广阔

相对于发达地区和非民族地区而言，民族地区在法治建设、发展上有较大的预留空间，局限更少，完全可能实现后来居上。

一、法治试验田尚待开垦

在全面深化改革、全面推进依法治国的新形势下，包括广西在内的各民族地区的法治建设工作可依托自身优势走出洼地，先行先试担当有为，成为法治试验田。例如，广西可在全国率先推行清单制度改革——法无禁止皆可为的负面清单、法无授权不可为的权力清单、法有规定必须为的责任清单。

目前，地方法治建设之第一要务即是积累法治政府建设经验，绘就行政权力法下运行的蓝本，推广、落实三张清单制度，耕好"法治中国建设"试验田。民族地区可发挥地方立法示范引领之作用，将法治建设成果通过法律法规的形式呈现并固定下来，从而在全国范围内复制推广。

民族地区可在以下方面深耕基层法治"试验田"：如推广行政决策程序规则，重大项目推进、重大决策出台严格落实公众参与、专家论证、风险评估、合法性审查和集体讨论决定制度；推出法治惠民新举措，如"法律援助"工程、"1+X"立体化人民调解工作，拓展行业性专业调委会建设；强化群众参与评审制度。广西法治改革与试验对于西部民族地区法治建设或具有样本意义、现实意义，其效果并不亚于拉动经济的作用。

二、没有固定的单一模式束缚

法治形态多样性从来就是法治理论之重要原理，亦是当今世界之普遍现实。现今世界绝无完全相同的法治模式，法治体系决不能脱离特定社会政治条件和历史文化传统，不可能千篇一律，更不能生搬硬套单一模式。民族区域法治须与特定的民族地区经济、文化及其他社会条件相适应，服从于国家治理能力现代化的本质需求。此种主客观条件上的差异决定了各地法治必发展出生动活泼的多样化形态。当代中国法治探索在全国各地有序展开，丰富了中国乃至世界法治文明的多样性。民族地区推行符合区情民意的法治，自然不会拘泥于固定模式，更不会盲目西化。

民族地区坚持全面依法治国，走中国特色社会主义法治道路，定会根据中国及当地社会条件和现实处境，从地区稳定发展和有效治理民族边疆的需要出发，理解并善用法治这一现代国家治理方式，在党领导下开展法治建设，保证法治的社会主义性质，妥善处理经济发展、社会转型与推行法治三者关系，确保社会变革既生机勃勃又井然有序，从而体现国情区情，符合人类法治规律，丰富民族地区法治文明之多样性，为人类法治文明发展贡献广西智慧。

三、后来居上现象屡屡可见

事实证明，始终以法治为引领，增强工作之预见性、主动性、创造性，适应新时代新需求，以平安省区、法治省区建设为载体，以法治思维和法治方式维护地区稳定、促进公平正义、保障民族地区人民安居乐业，就能实现民族地区法治建设后来居上的大好局面。近年来，广西、贵州的多个民族自治州、自治县或少数民族人口为主的县市法治建设情况，都体现了这一点。（详见本书第七、八章）

当然，欲后来居上，民族地区须紧扣维护大局稳定这一基本任务，完善"大调解"体系，调处矛盾纠纷，破解疑难案件；发力于保障民族地区人民安居乐业之根本目标，坚持专项整治与常态治理两手抓，深化平安省区建设；围绕促进公平正义这一价值核心，坚决执行中央顶层设计，同时发挥地方首创精神，传播法治思维，促进公平正义，改善执法、司法环境，为法治省区、幸福省区发展提供有力保障。

第三节　政策与制度优势

随着改革开放的深入发展，民族地区可以得到国家、上级政府更多的扶持关注，获得额外的政策、制度红利，有利于法治建设的快速推进，甚至有望成为试点和"样板"。

一、能够实行区域自治并有较大的立法权限

少数民族自治区享有民族区域自治权，可以制定自治条例与单行条例。其可充分利用国家赋予的立法权限，综合运用制定、修改、废止、清理等形式，适时增强立法之及时性、系统性、针对性、有效性。

第一，适应经济社会发展需要，在法律、法规尚不明确之处，适时制定新法。如广西制定的《自治区蚕种管理条例》，保障了蚕种种质安全，促进了桑蚕产业发展；制定的《巴马盘阳河流域生态环境保护条例》，建立了流域保护之长效机制，保障了巴马长寿养生国际旅游区之建设发展。

第二，根据民族地区社会生活和自然条件之特点，从实际出发设计具体制度，修改或者废止现行法规，使之贴近当地社会实际，提升法之合理性、可行性，如广西在修订的《自治区民用建筑节能条例》中规定的制冷、采暖温度限制；在《自治区河道采砂管理条例》中将农村居民自建房屋用砂量由 50 立方米增加至 100 立方米。

第三，加强法规清理工作。针对行政审批制度改革精神和上位法之修改，以及内地与香港、澳门 CEPA 服务贸易协议等新内容，全面清理、废止、修改自治区本级法规。

二、享有较大的立法权限

在立法权限范围内，可以针对本地具体情况，满足本地实际需要，从而赋予法律生命力和活法价值，同时也可突出立法的地方特色，提高地方立法质量。广西《自治区乡村规划建设管理条

例》切实减少了乡民办事环节和程序，规定乡镇政府可受托就近核发乡村建设规划许可证。

广西《左江花山岩画文化景观保护条例》等法规创新性地以附图形式明确具体保护范围。《广西壮族自治区禁毒条例》针对突出问题，重点强化全程监管，系统规定各戒毒措施的适用规则，加大责任与处罚，增强可执行性与操作性。

据统计，截至 2016 年 12 月 31 日，广西壮族自治区现行有效的地方性法规、自治条例和单行条例共 246 件，其中自治区人大及其常委会制定的地方性法规 161 件，各设区的市人大及其常委会制定的地方性法规 60 件，各自治县人大制定的自治条例和单行条例 25 件（见表 3.1）。①

表 3.1　1980—2016 年广西壮族自治区现行有效立法　　单位：件

类型	自治区人大及其常委会制定的地方性法规	设区的市制定的地方性法规	自治条例与单行条例
经济建设	71	8	9
文化保护	3	2	1
生态环境	19	8	1
权益保障	8	—	—
综合管理	42	28	2
人大与基层政权	18	14	12

广西目前有 12 个民族自治县，都制定了自治条例，并随着经济社会的发展各自治县都对本县的自治条例进行了修订。② 每个自治县根据各自实际情况制定了一些单行条例，为促进本自治

---

① 广西壮族自治区人大常委会法工委. 广西壮族自治区现行地方性法规自治条例和单行条例目录 ［S/OL］. （2017 - 02 - 17）［2018 - 10 - 23］. http：//www. gxrd. gov. cn/html/art154659. html.

② 周世中. 广西少数民族自治县自治条例立法与实施的法理思考 ［J］，广西师范大学学报（哲学社会科学版），2010（2）：56.

县的发展提供了有力的法规措施。一些自治县制定了森林资源保护条例、矿产资源保护条例、环境保护条例、文化保护条例等单行条例，如《恭城瑶族自治县森林资源管理条例》《龙胜各族自治县森林资源管理条例》《大化瑶族自治县水电站库区移民安置条例》《巴马瑶族自治县巴马香猪产业保护条例》，这些单行条例为各自治县的社会和经济生活提供了具体的法规框架，同时形塑了自治县内民族关系和民族法治的基本预期，为民族自治地方的经济发展和法治建设奠定了基础。

三、易于得到东部地区的对口支援

我国对口支援制度发端于改革开放之初，现经不断完善体制机制，业已向更宽广的范围内拓展与深化。对口支援制度在应对汶川地震等自然灾害事件中发挥了突出作用，之后形成制度固化下来，一跃成为全国梯次发展战略之重要的运行方式。对口支援不仅在灾后恢复重建、脱贫攻坚等经济领域适用，在法治建设领域同样有适用空间。广西作为全国一盘棋中的西部后发地区，同样可接受东部发达地区的法治建设对口支援。广东、上海自贸区建设法治先行，先行先试，是国家改革发展的试验田，在提供司法服务保障方面屡有创新，可成为法治中国建设、司法体制改革的试验田和法治经验输出地。东部地区法院在改革过程中积累的司法管理体制、司法权力运行机制之成功经验，可成为法治能力援建的重要内容，供广西地区借鉴参考。

实际上，单纯依靠政治动员强力推行的对口支援行动，在实践中已走向互利合作的常态。东部、西部地方政府相互之间业已形成契约式协作机制，传统的援建任务演变为履行合作的法律义务，对口支援持续运行的内生动力源源不断，相生相济，法治援建亦复如是。私法上的契约精神已经润物无声地介入公法关系，成为市场化条件下东部、西部政府间合作共益关系构造的规律。

公法与私法交相融汇的理论与制度建构，为建立法治支援的长效机制提供了依据和保障。

四、能享受到国家的大力扶持

民族地区作为后发展地区，在法治能力建设方面可以得到国家的大力扶持。

（1）在法治业务教育培训方面，国家支持民族地区法律从业队伍提高法律职业素养和专业水平，如选派干部参加全国人大常委会、国务院法制办、司法部、最高人民法院与最高人民检察院组织的培训，提升民族地区法律干部业务素养和专业水平。我国深化司法改革，中央坚持以问题为导向，着力解决影响司法公正、制约司法能力的深层次问题。加强民族地区法治人才队伍建设，切实保障少数民族群众的诉讼权利。例如，最高人民法院、国家民族事务委员会联合印发的《关于进一步加强和改进民族地区民汉双语法官培养及培训工作的意见》，要求进一步加强和改进民族地区双语法官培养及培训工作，着力解决民族地区人民法院双语法官短缺问题，依法保障少数民族公民的基本权利和诉讼权利。

（2）在机构编制方面，支持民族地区新设机构和充实人员。省区本级、设区的市均增设机构和人员编制，并通过组建法律类事业单位等形式充实人员，可解决行政编制紧缺、人员不足的问题。

加大民族地区法治人员招录计划。针对民族地区案件数量上升较快、案多人少矛盾突出的实际，请党委组织部门对政法编制客自度及缺编、空编情况进行调查摸底，结合民族地区法院办案数量制定符合单位实际的招录办法，确保每年进人有序递增，满编招录。

加大民族地区法官职业保障力度。国家积极鼓励大学毕业生到艰苦边远的民族地区基层法院工作。在法官遴选时，适当照顾在民族地区基层法院工作一定年限的优秀法官，同时结合司法体制改革统筹考虑法官的待遇问题，对于民族地区的法官因在艰苦地区工作等导致身体状况不佳等原因，在职业保障上适当给予倾斜。

探索建立民族地区法官补员机制。其一，完善干部挂职锻炼机制，有计划地组织各中级法院和条件较好的基层法院采取结对子的形式进行对口人员支援，到办案力量薄弱的基层法院帮助工作1~2年。其二，建立统招轮换机制。将每年全自治区法院公务员招录到的人员，先安排到民族地区工作1年，再回到招录法院工作，并形成轮换制度。其三，建立选调生锻炼机制。各级政法部门会同组织部门将为基层法院选调的法律专业人才纳入选调生计划，每年有计划地选调一批优秀应届高等院校法律专业毕业生，安排到民族地区工作。其四，建立人才储备机制。每年招录一定数量的大专以上法律专业毕业生暂时到民族地区法院工作，由上级财政发给一定的生活费，工作3年后面向这部分人选拔法院工作人员，分配到有空编的法院，没有编制的法院可采取临时聘用或借调的办法解决。

（3）国家支持民族地区承办全国性、国际性法律会议或承接国家级研究项目，通过办会练兵、调研强基，进一步提高能力。例如，中央委托广西承办"中国—东盟大法官论坛"，发表《南宁声明》，此次涉外司法交流会议为广西历次办会中规格最高、影响最大一次，为中国—东盟自贸区营造良好的法治环境。此外民族地区还可通过承接国务院法制办等部门委托课题，开展项目研究，进一步提升民族地区的法治建设能力与法治水平。

鼓励承办全国性、国际性会议。2019年7月5日，由中国国际私法学会、广西师范大学主办，广西师范大学法学院承办的中国国际私法学会2019年年会在桂林举行。广西壮族自治区高级人民法院院长黄海龙在致辞中指出，要深刻领会习近平总书记关于广西工作重要指示批示和重要题词精神的核心要义与精神实质，紧紧围绕广西落实"三大定位"新使命，积极发挥司法服务与保障作用，致力于把广西打造成最安全稳定、最公平正义、法治环境最好的地区之一。中国国际私法年会在广西举办，是广西法学界和法律界难得的一次学习提高机会，对广西的法学理论研究和法治建设具有积极的推动作用。

支持中标全国性法治研究课题。国家社科基金项目专设有西部项目，应积极考虑让民族特色鲜明的课题入选。最高人民法院司法研究重大课题也体现了对西部的关爱，如2019年度中标结果显示，由广西壮族自治区桂林市中级人民法院院长陈敏、广西师范大学法学院院长、教授陈宗波组成的"大数据、区块链、人工智能在司法审判领域的融合应用问题研究"课题组中标，亦属难得。此外，中国法学会第十三届"泛珠三角合作与发展法治论坛"交由广西壮族自治区法学会承办，桂林市法学会、广西师范大学协办，并向广西师范大学法学院下达2018年中国法学会部级重点委托课题《新时代区域法治合作机制创新与发展研究》，支持广西师范大学课题组研究区域协调发展的新形势和新内涵，提出建立更加有效的区域协调发展新机制的新思路，以期推动广西周边区域法治建设和经济社会协同共进。

（4）独特的区位政策优势。不少民族地区区位优势明显，如广西壮族自治区坐拥中国—东盟自贸区、珠江—西江经济带、北部湾经济区地利之便，叠加享有国际自贸区开放前沿、西部大开发、向东开放承接东部产业转移政策，因而不是政策洼地，而是改革高地。这为其改革创新、快速推进法治建设提供了良好契机。

第四节　外溢效应优势

法治建设具有外溢效应（也即溢出效应，Spillover Effect），体现在经验、人才、制度、文化等诸多方面。民族地区人口、文化多元，容易受到法治先发地区的关注和影响，可以在较大程度上受益于这种外溢效应带来的正面能量。

一、法治先发地区的经验外溢

我国地区间社会发展不平衡，总体上讲，东部沿海地区要优于西部地区。经济水平的高低，决定着上层建筑的水平。各民族地区经济发展落后，地方法制建设与法治发展水平相对落后于东部发达地区，东部法治先发地区的经验外溢，使边疆民族地区可以充分吸收先进的外来经验以弥补自身发展的不足，对于推动地方经济发展、带动地方法治发展建设都有重要的作用。

广西民族地区位于我国边境地区，作为祖国的南大门，起着护国卫国的重要作用。广西边境地区面临着许多跨国问题，跨国问题的特殊性决定了我们在广西民族地区法治建设过程中要面临多种考验。我们必须正视这些问题，必须考虑少数民族的利益，从民族性出发，建立合理、科学的民族法治体系。在广西民族地区法治建设过程中，发达地区的经验外溢对广西民族地区的法治建设有着重要的外溢性作用，应将"发动和依靠群众，坚持矛盾不上交，就地解决。实现捕人少、治安好的枫桥经验"充分盘活，在借鉴枫桥经验的基础上，充分立足广西民族地区的特殊性，在解决各民族地区的民间纠纷、民事调解上，积极发挥村规民约、风俗习惯在地区上的治理作用，这对打造广西民族地区法治体系现代化有着重要的作用。据统计，在广西桂北地区各地方法院、检察院、公安部门对村规民约可适用性有着较高的认可度，为地方的法治建设发挥着重要的作用。

二、法治先发地区的人才外溢

法治先发地区的人才外溢，为民族地区法治建设、社会建设等方面注入新活力与新鲜血液。国家间的竞争，归根结底就是人才的竞争，人才是现代化建设的决定性因素。

法治先发地区的人才外溢到边疆民族地区，一方面，可以将先进的技能、专业等带入民族地区，为民族地区现代化建设提供智力保障；另一方面，先发地区人才的涌入，必定带来地方发展的新时代，为地方经济、社会的发展建设提供专业的服务。

法治先发地区的人才外溢运行轨迹上总体上表现为两种趋势。一是地区间人才外溢，简言之就是发达地区向欠发达地区人才外溢。近年来，为平衡东部、西部、中部的发展，国家不断加强对中西部欠发达地区的投入力度。在西部开发上，从实施西部大开发战略到西部陆海新通道总体规划，都是西部发展的重要路径。凭借国家政策、资金的优势条件，越来越多的西部人才涌入西部建设的行列，这为西部现代化水平的提升提供了重要的智囊团队。经济基础决定上层建设，大批的人才涌入，带动了地方经济发展，社会进步，法治文明，为地方治理体系现代化的提升发挥着重要作用。以广西为例，凭借"一带一路"海上丝绸之路的新开拓，以及国家对北部湾开发战略的重视，再加上自治区政府的强劲引才、聚才、育才政策，吸引了大量的珠三角比较先进的管理理念、治理方式及专业人才会较多地流入广西，在广西各地区的建设与发展上，发挥着举足轻重的作用，带动了广西治理水平的提高。又如，伴随着中国—东盟博览会举办地永久落户南宁，该城市凭借独特的区位优势，强化人才战略，出台"1＋6"人才政策，打造面向东盟的区域性国际人才高地，近年来在人才流入与引进规模上不断扩大，使得当地各方面发展突飞猛进，社会治理现代化水平稳步提升。二是区域内部间的人才外溢，简言之就是本区域内的发达或者较发达地区向落后地区的人才外溢。随着国家脱贫攻坚战略及美丽乡村计划的开展与推进，区域内的人才涌动出现一种向平衡性发展的趋势，各个地方通过多种途径不断优化区域内人才"蜂巢"的分布情况，最大限度保持人才分布的平衡性。例如，在广西各贫困地区，各地区通过帮扶政策、文化扶贫、项目下乡的形式，争取将更多的人才留下，以推动地方社会的综合性发展，不断提升地方的现代化水平。

三、法治先发地区的文化外溢

民族地区由于其民族的特殊性、所处环境的封闭性，使得各民族都形成了自身所特有的民族文化及其风俗习惯。各少数民族以往受其封闭文化的束缚，对于新生事物的接受程度低。法治先发地区的文化外溢到民族地区，对于拓宽民族地区民众的视野、提升民族地区文化发展的现代化有着重要的推动作用。民族地区只有在民众文化提升的基础上，才能不断提升法治建设的认识，才能更好地服务于地方法治建设的发展。

法治发展状况往往与文化发展水平息息相关，法治先发地区往往经济发展水平高，社会治理体系更完备，在文化发展上更是有着兼容并包性、开放繁荣性。法治先发的地区的文化外溢运行轨迹上总体上表现为三种趋势。

一是单纯的文化性外溢。其表现主要是法治先发地区先进的理念、先进的治理经验等不断涌入民族地区，如在法治建设过程中，智慧法院的建设依托于人工智能的建设平台，以强劲的信息化的方式支持司法审判、诉讼及司法管理等，以实现全方位的智能化服务的法院运行机制。在这一探索过程中，先是由法治建设较为发达的地区先行先试，探索出优秀的建设经验再不断进行广泛推广，进而在文化落后的民族地区，奠定良好的发展优势基础。

二是文化外溢与经济外溢相随，其主要表现是法治发达地区的文化外溢通过经济形式的输出得以实现。在广西民族地区，先进文化涌入的来源主要依托于珠江三角地带，通过双方间的经济往来的形式，使广西民族地区的经济实力不断提升，使人民对于美好物质的生活追求同落后的文化发展形成矛盾冲突。为缓解社会矛盾，法治发达地区的文化涌入是民族地区社会发展的必然。

三是文化外溢与人员流动性相伴。西部民族地区社会发展的同时，越来越多的人员涌入珠三角等发达地区务工，在务工的过程中他们不断了解先发地区的社情民情，也不断反思自身的不足，同时，不断吸纳、接受发达地区先进的文化理念、工作经验、生活方式，为成功搭建起民族地区与先发地区文化外溢的桥梁，实现先进文化的输入奠定了良好的基础。

法治先发地区的文化外溢，不外乎以上三种方式，但每一种方式对改变民族地区封闭、落后性的传统习惯与民众的行为观念都有着不可估量的作用，对民族地区治理体系现代化有着重大的贡献。

第五节　借鉴移植优势

一、借鉴移植的必要性

随着依法治国方略与国家治理体系现代化的不断推进，民族地区社会发展呈现新形势。

党的十九大报告指出，"提高社会治理社会化、法治化、智能化、专业化水平"。在这"四化"推进过程中，法治化是关键，因此，治理体系现代化的前提必定是法治建设的现代化。目前，法治先发地区经济发达，社会治理体系现代化水平高，法治的建设与发展已形成了中国特色的法治建设道路，对民族地区发展建设有着重要的指导性作用。民族地区经济发展落后，法治发展水平无法满足新时代法治社会发展要求，在社会治理体系现代化过程中，先发地区的先进理念、经验必然会向后发地区外溢，广西民族地区社会治理体系现代化的建设也必定要借鉴发达地区的先进法治经验，以助推民族地区法治建设的发展。

借鉴移植先进的法治经验有利于促进地方经济的发展。从本质上讲，法治作为上层建筑的一部分，法治的发展为地方经济的发展提供坚强的法律保障，使得地方经济的运行及发展有国家法作为坚强保护的后盾，而地方经济的发展必然带动上层建筑的建设与提升，对提高地方民众的法治思维、带动地方法治建设又有着重要的作用。以广西为例，在中国—东盟国家合作、"一带一路"倡议中，因各国政治立场、文化传统、经济利益及普遍价值观存在差异，对国家法治化程度要求较高。广西可以运用其东盟前沿桥头堡的地缘优势，把握法治化发展机遇，通过借鉴移植国际多边贸易体系相关机制、法律文本和发达地区的法治文化，提升民族地区法治化演进速度，进而在法治建设的发展中带动地方的建设与发展。

借鉴移植先进的法治经验有利于加快民族地区社会治理体系现代化的进程。各民族地区社会发展落后，在地方治理过程中，要实现现代化治理，必定要面临一系列的复杂问题与体制创新，法治先发地区先进的治理理念是民族地区学习和借鉴的重要参考，可以使民族地区在法治建设道路上少走弯路，效率提升。因此，在这一过程中如不借鉴移植先进的法治经验，就无法保证相关体制的改革。只有借鉴移植先进的法治经验，才能为地方治理现代化提供有力的法制保障，为民族地区加快治理体系现代化提供制度支持。

二、借鉴移植的可行性

从法治的发展方向上看，我国各地区法治发展方向是统一的，都是为建设公民能够平等参与国家的治理、人人享有人权、社会发展体现公平正义的法治社会而努力。这就为民族地区借鉴发达地区先进的法治经验提供了方向的可行性。我国经济发达地区，其法治建设也处于相对领先的地位，其优秀的法治建设经验应用到民族地区，可以在保证法治建设发展方向统一的前提下，吸取其精华，并灵活地应用于本民族区域法治建设过程中，缩短其法治建设现代化进程，进而加快现代化建设步伐。例如，在各地区外地人权益保护上，南宁、柳州等地积极借鉴杭州模式，发放市民卡，市民卡功能在杭州市民卡的基础上，根据地方实际，有所区别，这一模式的改进对社会资源的分配、外地人权益保障上有着重要的作用。

我国的国体决定了我们法治建设本质的统一性。一方面，法治建设本质的统一性，必然要求我国法治建设的未来发展趋势的统一。先发地区先进的法治体系是经过实践总结出来的科学化的法治建设经验，由于民族地区要实现法治建设跨越式发展，必须借鉴先发地区的经验探索，这就为民族地区借鉴发达地区先进法治经验提供了现实的可能性。另一方面，民族地区法治建设的紧迫性，必然要求借鉴发达地区的先进经验。

同时，发达地区法治建设外溢效应的作用，必定为民族地区法治经验的借鉴与移植提供有效支持。发达地区的法治建设已形成一套较为完善的运行模式，为民族地区提供可以参照的经验，对减少民族地区法治建设成本、提升其法治建设速度有着重要的作用。例如，在广西柳州地区，为不断推进法治建设现代化、智能化建设需求，在借鉴先发地区智慧法院建设的基础上，不断改变民众对传统司法平台的认识，开展柳州市智慧司法平台建设，不断提升法治建设现代化程度，提高法治建设水平。

三、借鉴移植的广泛性

法治先发地区的外溢，包含文化、资金、人才等方方面面，外溢的广泛性也就决定了借鉴移植的多样性与广泛性。在我国各民族地区，发展情况各有不同，但借鉴发达地区法治建设的经验具有普遍的广泛性。

首先，借鉴现象具有广泛性。从国家整体法治建设的情况来看，中华人民共和国成立初期，苏联法对我们法治建设有着重要的影响，我国1954年宪法的制度在一定程度上是借鉴了苏联1936年宪法。随着改革开放的不断深入，中国特色社会主义法治在建设和发展的过程中，在吸收借鉴国外先进经验的基础上，从我国的基础国情出发，探索出了适合我国发展的法治建设经验。从国家内部发展的情况看，东西部发展不平衡，东部发达地区先进的法治经验不断外溢到西部地区，区域间法治建设借鉴现象层出不穷。例如，借鉴江苏的"苏州模式"对于提升西部的司法效率有着重要的意义，以及现阶段的"枫桥经验"在民族地区根据各民族特色加以改革，所形成的具有自身民族特色的司法经验对社会法治建设现代化水平的提升有着重要的作用。

其次，借鉴内容具有广泛性。我国边疆地区各民族间是大杂居、小聚居的居住状况，各民族间的繁荣与稳定是社会治理体系现代化的首要条件，法治先发地区法治现代化水平高，对民族地区法治内涵式发展与建设有着重要的借鉴性。在借鉴移植的内容上，必须从法治建设的内涵出发，包括立法、司法、执法等多个方面的法治建设的内容，以保证立法科学、司法公正、执法公平。目前，在各地区尤其是民族地区的地方立法上，既要在国家法允许的范围内，又要兼顾地方特色，同时还需立足长远性，这一长远性就需充分借鉴法治先发地区的内在规律以提升自身的科学性。

最后，借鉴形式具有广泛性。法治先发地区的外溢途径广泛，这造就了民族地区借鉴、移植先发地区的先进法治经验的广泛性，可以不拘泥于形式，可通过交流、互访、干部委派等多种形式进行，以加快民族地区法治发展速度，减少法治建设成本。一般而言，交流、互访的途径成效较快，法治后发地区通过与先发地区交流、互访的过程中，会及时地了解并掌握先发法治现代化理念，以不断提升自身法治理念的现代化，加快推进后发地区法治建设现代化步伐。

第六节　二次创新（创造转换）优势

一、后发地区较容易实现二次创新

后发民族地区，因社会总体发展水平落后，在新的历史起点上，要实现社会的跨越式发展就需充分发挥二次创新的优势。首先，后发地区虽在不断借鉴、移植先进的法治经验，但各民族地区有着鲜明的民族特色，在发展的过程中要尊重各民族间的差异，这就要求我们在借鉴移植的过程中不能一成不变地照搬各先发地区的先进模式，必须在立足地方实际的情况下对先发地区的法治模式进行二次创新，以适用于本民族地区的法治建设。其次，各民族地区在外溢法治建设经验涌入后，为不断适应法治建设的新要求，各民族自身也会通过各种形式不断改变先前的法治建设路径与要求，进而实现自身的二次创新。

广西民族地区具有民族的多样性与杂居性，在地方法治建设过程中，各地方在充分遵循"枫桥经验"的基础上，结合本地区、本民族优秀传统习惯，形成了独具地方特色的"新枫桥经验"，这一治理模式是立足于地方民众对其传统的村规民约信任的基础上加以改良升华而形成的。这一治理模式在充分借鉴先发地区优秀的、科学的治理经验上，再加以升级、转换。同时，基于广西各民族地区发展的相对落后，治理体系的现代化必定是经济发展带动地方法治建设，在此过程中，先发地区经济浪潮的涌入带动了民族地区经济的发展，促使人民的物质文化需要日益增长，在此矛盾产生与缓解过程中，后发地区必将是在借鉴先发地区的基础上实现二次创新。

二、二次创新利于"弯道超车"

二次创新是不发达地区在引进发达地区先进理念、方式、技术基础上的进一步升华与创新，这对于欠发达地区在短时间内缩短与发达地区的差距、提升自我的法治建设水平有着重要的作用。民族地区经济发展、法治建设都处于薄弱的环节，因此民族地区在法治建设的过程中，应在借鉴发达地区先进理念的基础上结合本地区的社会现状进行二次创新，这有利于加快法治建设的步伐，使得民族地区法治建设"弯道超车"，以争取在最短的时间内达到发达地区的先进水平，实现国家东西部地方法治发展的平衡。

广西地处西南边陲，经济落后，社会发展较为缓慢，但在借鉴先发地区法治建设的基础上也形成了独具特色的法治建设系统，部分法治体系建设走在了全国的前列，实现了二次创新中的"弯道超车"。例如，自2017年7月1日检察机关提起公益诉讼制度全面实施以来，全国掀起了公益诉讼的浪潮。在检察机关介入公益诉讼上，我国没有其他国家现成的制度可予以借鉴与吸收，没有历史先例可以进行对比参考。广西在摸索与借鉴先发地区部分经验的基础上，求实创新，在2019年9月出台了《广西壮族自治区人民代表大会常务委员会关于加强检察机关公益诉讼工作的决定》，这也是继湖北省之后，在全国范围内较早以省级人大常委会授权检察机关开展公益诉讼的探索。广西从顶层设计到协同推进，颇具改革创新精神，为"建设壮美广西"提供有力司法保障。据统计，2017年7月至2019年8月，广西检察机关共办理生态环境和资源领域诉前程序案件741件，提起诉讼56件，督促治理被污染损毁的耕地、林地4635.7亩，督促回收和清理生产类固体废物 16219.1 吨，督促治理被污染和非法占用的河道 71.22 公里、被污染水域 23142.54 亩、被污染土壤 937.51 亩。① 可以说，广西在公益诉讼的道路上，实现了法治建设的"弯道超车"。

三、创造转换是后发优势实现的依托

法的生命力在于可执行性，先发地区经验的生命力在于移植后的"成活率"。一味地照搬先发经验，而忽略各民族实际，其先发法治建设经验是无法存活于各民族地区的。因此，创造转换是后发优势实现的依托，先发地区的法治建设经验我们要批判继承，在继承的基础上推陈出新，以地方实际情况为立足点，将先发经验创造性的转换为适合民族地区特殊土壤生存的法治要素，才能更好地立足于后发地区的法治建设，才能使先发经验之苗在后发地区茁壮成长，促使民族地区法治建设形成一股新生力量。

广西在法治建设的移植上，一直坚持唯物辩证主义，注重适合的发展现状与民族现状。例如，在移植先发地区外地人权益保障上的"市民卡"上，无论是南宁地区还是柳州地区，在市民卡的功能开发上，都是创造性地充分立足本地区的社会特色、区域特色，实现了功能上的最优化，以不断提升权益保障的水平与质量，服务地方法治建设的发展趋势。

此外，民族地区还有经济变革带动优势。当前民族地区的经济普遍在经历转型变革，快速发展，这必将对其法治观念、法律制度、法治建设带来较大的拉动与提升。

---

① 邓铁军，王艺蓉. 广西检察机关用新理念引领公益诉讼高品质发展 [N]. 检察日报，2019－09－18 (1).

第四章　民族地区法治建设后发优势的利用与转化

民族地区因其历史、地理、经济等原因，立法工作的开展较为困难，法律普及与实施程度也较低，故而法治建设进程相对缓慢。但既有先声夺人，亦有后来居上，对于民族地区来说，其法治建设的潜力较大，故目前的落后既是挑战，亦是机遇。如若民族地区能充分挖掘利用本土法治资源，借鉴先进地区的法治建设经验，培育具有民族地区特色的法治文化，则可显著加快法治建设的步伐，早日实现法治建设的目标。

第一节　充分利用民族自治地方立法权，建立科学的地方立法体系

如前所述，我国法律赋予了民族自治地方立法权，这是民族自治地区的一大后发优势。2015 年，《中华人民共和国立法法》进行修改，扩大了地方的立法权，允许设区的市的人大、政府根据本市的具体情况和实际需要，在遵法守法的前提下，在城乡管理与建设、保护环境、保护历史文化等方面制定相关政策、法规或者规章。这使广大民族地区有了更多的立法权，不再局限于自治区、自治县、省会的人大、政府。总体来看，民族地区应当充分利用不同种类的立法权，建立科学的地方立法机制和完备的法律体系。为此，应努力实现科学立法、协调立法，同时还需做到民主立法、创新立法。

一、立足民族、地方特点，实现科学立法、协调立法

民族地区的法规制定必须以本地区实际情况为出发点，紧紧围绕地方事务，展现民族特点。在制定立法规划、计划之前，要认真选择与地方紧密关联且特色鲜明的立法项目，真正解决民族地区在实际发展中面临的重大问题，使制定的法规具有现实性，并能够通过施行最终实现立法目的。

要实现立法目的，首先，在选择立法项目时，应从地方民众尤其是少数民族的切身利益出发。也就是说，立法应遵循"实事求是，一切从实际出发"的思想路线，以针对性地解决现实存在的突出矛盾为目的。其次，各级立法机关在编制年度立法计划时应及时组建立法工作筹备小组，从政治、经济、文化等各方面在有关地区进行考察调研，收集丰富而翔实的资料，发现亟须立法的问题领域，促进立法质量的有效提高。在此基础上，才能实现科学立法、协调立法。

二、发挥各族力量，强化民主立法

立法机关在立法时，应充分体现民主色彩，加大公众的参与力度。习近平总书记在党的十九大所作的报告指出，我们要坚持民主立法、立法为民的原则，完善民主立法的机制，丰富公众参与立法的方式，集思广益，提高立法质量。[①] 因此，地方人民代表大会及其常委会在立法过程中，应召开听证会、座谈会等听取公众意见，并利用互联网及时发布立法咨询意见的信息，通过新闻传播等方式呼吁公众参与立法，提出相关建议和监督立法活动。在确定立法草案后，召开专家论证会，听取专家意见，为立

---

① 周如斯. 学习贯彻十九大精神奋力提高地方立法水平［N］. 人民代表报，2018－01－18（3）.

法的科学性和准确性提供保障。

在民族地区强化民主立法，主要表现在以下几个方面：首先，提高本地区少数民族的立法参与度，增强少数民族法律专业素养和政治参与觉悟，引导、支持和鼓励他们积极投身立法过程。同时，民族地区的立法机关可合理借鉴少数民族习惯法中的有益成分，将其归纳、吸收进其制定的法律规范之中，努力让少数民族接受、遵守、适用这些法律规范，而不是让其束之高阁，有法却形同无法。其次，平等对待社会各阶层利益，充分听取不同社会阶层人民的诉求，积极考虑如何协调利益关系、化解冲突与对峙，从而真正实现社会公平正义与民主法治。最后，增加集中代表群体利益的团体、协会等社会组织，多渠道与政府机关对接沟通，表达合理利益诉求。

三、转变立法工作的理念和思路，推动创新立法

法治化进程离不开创新驱动发展，广西的法治建设更具有复杂性与挑战性。因此，要充分发挥地方主观能动性，鼓励其在宪法、法律规定的权限范围内敢于突破和创新，保障民族地区人民权益的最大化。

在当前国家大力提倡创新发展的背景下，民族地区可以积极探索地方立法权、自治立法权的变通，合理创造立法空间，通过对民族地区事务进行创新立法，建立健全民族地区法制体系，促进宪法和法律的实施。对于国家尚未立法的事项或者未涉及的利益范畴，民族自治地方要在宪法和法律的范围内勇于探索和尝试，根据当地实际需要通过先试先行，将行之有效的方式方法深入推广，将违背客观规律和发展需要的及时修废，为国家立法体系的完善积累经验，为国家治理能力和治理体系现代化建设提供实践基础。民族地区还要注重转变立法思路，重视立法的实际社会效果，避免重复立法和完全照抄国家法律法规和其他地方性法

规。民族地区还可总结本地区经济社会生产生活的成功经验，将其吸收到新的立法活动中，力求将上位法的原则性规定与解决民族地区现实问题紧密结合起来。

第二节　因地制宜，推动中国特色社会主义法治体系在民族地区的建立

要使民族地区法治后发优势充分发挥，从长远看，必须因地制宜，构建具有民族特色的现代地方治理体系。民族地区法治是中国特色社会主义法治体系的重要组成部分，法治体系包括法治规范体系、法治实施体系、法治监督体系与法治保障体系，其中法治规范体系、实施体系和保障体系的构建，是当下民族地区法治建设的基础性工作。

一、充分利用地方优势，形成完备的民族地区治理规范体系

民族地区治理规范体系包括法律规范体系和非法律规范体系。法律规范是法治国家、法治社会的基础。目前，我国已经建立了比较完整的法律规范体系，有法可依的局面基本形成。与一般地方相比，民族地区的法律规范体系特殊之处在于包含了该民族地区特有的民族习惯法。在民族地区的法治建设较为落后的同时，民族地区存在着的大量可利用的本土资源，如民族习惯、道德、宗教礼仪、社会风俗、政策等，这些将成为民族地区形成完备的治理规范体系可资利用的素材及法治建设形成后发优势的重要支点。中国的法治建设与发达国家相比，在时间上本就比较

晚，何况民族地区因其经济、政治、历史、地理等因素在本国法治建设中又落后于法治先发地区，所以民族地区缺乏成熟的法治文化，当地人民缺乏明晰的法治观念。然而在实践中，民族地区认同本地区传承的道德、宗教礼仪、社会风俗、政策等。因此，一个完备且易被认可的民族地区治理规范体系除了应具备的法律规范体系，还应当充分挖掘、利用民族地区法治建设的本土资源。再进一步说，只有符合民族地区的实际情况，建立在本土法治资源基础上的法治建设才能最大化释放民族地区法治建设的活力，显现出自身的后发优势。

二、加强法律实施，建设高效的法治实施体系

法律的权威通过实施来展现，法律也正是因为实施才有了生命。民族地区若要完善法治实施体系，应做到如下几点：首先，要坚持宪法实施和监督制度。民族地区在法治建设过程中应和当地民众进行充分沟通，引导其搁置分歧，凝聚共识。为此，国家应重视宪法的实践性，加强宪法实施，健全宪法监督制度，为民族地区凝聚社会共识提供基础，而民族地区则可依据宪法和法律的规定，重建社会信任，调动当地各族群众的积极性来进行法治建设。其次，要加快建设法治政府。法治政府是建设法治国家的重要环节，对于民族地区来说，其辖区内民族成分较为复杂，各民族因其历史、地理等原因，发展不均衡，故地方政府在行政执法过程中，在依法依规的基础上，要注意协调好辖区内各民族的关系。再次，要提高行政执法效率。按照中央的部署，民族地区应直面其辖区辽阔、民众居住分散、文化水平偏低、行政执法力量不足、行政效率较低的真实情况，深化行政体制改革，完善执法体制，厘清执法主体权责。同时，民族地区还应厘清政府法人职能，协调各部门共同推进综合执法，除加强食品药品安全、工商质检、公共卫生、安全生产、交通运输、城乡建设执法力度之

外，应根据民族地区发展需要，重点加强文化旅游、资源环境、农林水利、海洋渔业等领域的执法力度和效率。基层是民族地区依法治理的基础和难点，要完善市县两级政府行政执法管理，提高执法和服务水平。最后，要推进司法体制改革。一方面，要按照中央的部署和安排，完善司法管理体制和司法权力运行机制，完善审判权和检察权的配置、保障制度，优化司法职权配置。另一方面，尊重和运用民族民间法治资源，保障民族地区人民群众参与司法，注重人权司法保障，让民族地区人民在司法办案过程中感受到公平正义作为目标来实现。

三、整合力量，切实建设有力的法治保障体系

法治是现代社会治理最科学、最先进的治理方式，同时也是需要极高保障条件的治理方式。对于民族地区来说，具备有力的法治保障体系是其实现法治建设目标及稳固法治建设成果的重要条件。再进一步说，民族地区的法治建设是一项长期工程，如果没有法治保障体系，民族地区的法治建设将可能无法顺利进行甚至半途而废，至于所谓"弯道超车"更是无从谈起。因此，民族地区应结合当地实际，借鉴法治先发地区经验，建设切实有力的法治保障体系。法治保障包括政治保障、制度保障、物质保障、思想保障、组织保障、人才保障等。所谓"有力的法治保障体系"，应包括如下几点内容：①根据党的十八届四中全会和党的十九大精神，民族地区要配合中央关于全面依法治国的决策部署，坚持和改进党的领导，提高依法执政能力和水平，团结民族地区的人民群众，调动一切积极因素，妥善处理民族地区汉族和少数民族、少数民族和少数民族之间的利益关系，为提高民族地区法治水平提供有力的政治和组织保障；②加强民族地区高素质法治专门队伍和法律服务队伍建设，加强机构建设和经费保障，为民族地区法治建设提供坚实的人才和物质保障；③改革不符合

法治运行规律、不利于依法治国的体制机制，为民族地区法治建设提供完备的制度保障；④努力推动形成办事依法、遇事找法、解决问题用法、化解矛盾靠法的法治氛围，同时积极利用民族地区纯朴的民风，探索实行褒奖机制和惩戒机制，让当地群众在日常生活中自觉遵法信法守法；⑤要按照中央的统一要求，结合民族地区的实际情况，发挥民族地区的特色和优势，加强对民族地区内各主体的监督，增强监督合力，让监督效果落到实处。

第三节　善用民族地区优势资源，建立地方法治共同体

建立民族地区法治共同体是民族地区法治建设的目标之一，反过来也是推动民族地区法治建设的重要力量。建立一支适应民族地区本土特色的政法工作队伍，一支适应本地需要的法律服务队伍，一支厚植本土资源的法学研究队伍，一支善用本土优势资源的法治宣传队伍，打造一个同力共建的民族法治共同体，才能充分整合民族地区法治建设的优势资源，汇聚起民族地区法治建设的各方合力，实现民族地区后发资源优势的转化与利用。

一、锻造适应本土特色的政法工作队伍

民族地区丰厚的本土资源是孕育锻造一支特色鲜明的民族地区政法工作队伍的沃土，民族地区的司法、执法队伍，必须始终牢牢扎根民族地区这方生长的热土，汲取母体不竭的资源力量，才能服务好民族地区的人民。民族地区的政法队伍常年奋战在司法、执法的一线，是接触民众最多、了解民情最深、见识民俗最

广、体察民意最真的群体，其中形成许多适应民族地区特色的工作方法。都安瑶族自治县下坳乡法庭法官卢汉票二十余载如一日扎根瑶乡，从瑶族同胞的风俗习惯中汲取司法资源总结出"六心"工作法，退休后仍老骥伏枥用源自瑶乡的工作方法当起了义务调解员，从此一批"卢汉票工作室"在都安瑶族自治县遍地开花。凭祥市地处南疆国门，凭祥法院突出"边"的本土优势，打造出"一站一车一庭审"的模式，在浦寨边境贸易纠纷化解中发挥了重要作用；开辟了"八一"的工作模式，为军地稳定提供了重要的保障，成为人民司法立足"边防、边贸、边民"服务地方和"一带一路"的一张响亮名片。这两地在运用本土特色优势资源、锻造出一支能适应民族地区需要的政法工作队伍方面，给我们提供了很好的思路启示、方法启示和经验启示。越是来源于民族地区的工作方法，越能贴近人民群众和适应民族地区政法工作需要，就越要求我们进一步强化司法、执法队伍不断适应本土特色资源的能力。我们的政法队伍心要沉得住基层、脑要装得进民生、手要抓得牢民情，才能适应本土、干出特色。打造出能用善用本土特色的政法工作队伍，是发挥民族地区资源优势的首要任务。

二、打造适应本地需要的法律服务队伍

一支高素质的民族地区法律服务队伍，是民族地区法治建设的重要力量，如何建设一支能适应民族地区特色需要的法律服务队伍，事关民族地区法治共同体的健全与否。当前，民族地区法律服务队伍不断健全和完善，为民族地区的法治建设做出了重要的贡献，但仍存在一些不平衡、不充分的突出矛盾，与民族地区法治建设的需要还存在一定差距。一是法律服务工作队伍素质偏低，业务水平参差不齐；二是法律服务人员短缺，法律服务市场供给不足，特别是通晓本地区语言、习惯的法律服务人员不多；

三是城乡法律服务机构布局不均衡不合理，部分农村地区法律服务未实现全覆盖；四是法律服务的社会知晓率不高；五是法律服务角色错位，与律师职责"撞车"现象时有发生；六是法律服务制度不健全，违规办案收费现象时有发生，职业保障制度不完善。中共十八届四中全会强调要"加强法律服务队伍建设"，民族地区可以从以下几个方面破除法律服务队伍中存在的矛盾。一要优化队伍结构，提高队伍素质。进一步优化律师、公证员、基层法律服务工作者、人民调解员、法律志愿服务者之间的比例结构，使不同服务队伍及同一队伍的内部之间形成相互补充、相互合作、相互促进的整体合力。建立激励法律人才服务基层和高端人才服务欠发达民族地区的机制，逐步提高人才队伍素质。二要完善职业保障制度。进一步加大对民族地区，特别是基层偏远地区法律服务的经费保障力度，完善职业培训体系，改革职业准入制度，建立畅通的职业发展体系和人员流动机制。三要推进法律服务队伍服务地方需要。提升法律服务队伍的社会知晓率，形成党政机关、企事业单位、人民群众遇事找法律服务队伍的局面，推动法律服务队伍融入地方发展的方方面面。

三、扶持重视本土法治资源的法学研究队伍

一个民族要想站在科学的最高峰，不能没有理论武器。民族地区法治建设的后发动力迫切需要先进理论支撑，迫切需要法学研究队伍发挥专家库、智囊团的作用，将民族地区高等法学院校、研究机构的人才智力优势转化为理论研究优势。为此，首先要高度重视研究本土资源的法学研究队伍，在科研经费、人才引进、研究环境等方面给予更大的政策和物质支持，创造法学研究队伍潜心研究的便利条件。其次要搭建起贴合民族地区各类法治建设需要的法学研究平台，通过民族地区法治建设需要的课题项目、决策咨询、项目评估、专家建议等形式，聚集广泛的法学研

究队伍关注本地区法治资源。再次要积极引导民族地区法学研究队伍主动树立适应地方实际和发展需要的研究自觉，将个人的研究志趣与民族地区需要相结合。最后要建立人才结构合理的法学研究队伍体系，一支年龄结构合理、知识背景丰富的法学队伍是保持研究活力持久迸发的关键，组建起跨区域、跨学科研究的法学队伍，承担国家、地区重大的法学问题研究课题。

四、壮大善用本土优势资源的法治宣传队伍

行动自觉发生于思想深处，文化可以塑造人类的灵魂。因此，法治文化对法治自觉有重要的价值。特别在社会治理主体多元化、社会治理对象复杂化的背景下，要实现社会治理目标，不仅需要社会制度作保障，更需要社会责任、价值理念上的契合。可以说，法律的权威来自人民内心的真诚拥护和信仰，公民法治意识的养成依赖于有力的法治宣传教育。当前，我国法律体系基本建立，民族地区基本实现有法可依，但仍然存在不少有法不依、执法不严、违法不究的情形。因此，在注重加强制度建设的同时，政府应该高度重视法治文化的培育和传播。首先，应重点对民族地区的国家工作人员特别是领导干部进行法治理念、法治思维和法治方式的教育培训，以先进的理念、意识和精神引导其履职行为，以崇法的文化去熏陶公务人员，使法治文化入眼入脑。同时，也要坚持把全民普法和守法作为民族地区法治建设的长期基础性工作来抓。要研究民族地区在法治教育和法治文化培育方面的独有优势和条件，并加以科学运用。如能因势利导，合理利用这些独有的本土文化条件，深入民族地区群众开展法治宣传教育，就能有效引导各民族人民自觉守法、遇事找法、解决问题靠法。

长期以来，民族地区在法治宣传实践中形成了不少具有地方特色的宣传模式。广西罗城仫佬族自治县通过山歌唱法治活动，

将法治宣传内容编入山歌，以群众喜闻乐见的方式传唱开来，寓学于乐，广受欢迎。广西都安瑶族自治县运用"一村一法律顾问"的模式，将法治宣传的触角深入村屯农户，并善用多种微信订阅号、普法 QQ 群、"今日头条"及"一点资讯"等新兴普法媒介传播法律知识和法治动态。这些各具特色的法治宣传模式起到了很好的宣传效果，也培育出了善用地方本土资源的法治宣传队伍。

对照法治宣传工作中存在的某些问题，我们一方面需不断扩充民族法治宣传工作队伍，将退休的法官、检察官、警察、律师、干部及有法律知识和工作经验的人员吸纳到法治宣传的工作队伍中来。利用假期社会实践活动，将高校法科学生、教师等吸纳到基层法治薄弱地区开展法治宣传、法律服务活动。另一方面利用本土特色资源，创新宣传形式。将民族地区特有的风土习俗、节日庆典与法治宣传相结合，避免采取单一的口头说教和法律知识的灌输，从而提高法治宣传目标的精细化和专业化水平。

五、各主体之间合力共建法治共同体

民族地区法治建设这盘大棋需要各方主体合力共建才能发挥各方主体的特点和优势，需要各方主体优势互补才能发挥整体功能大于各部分之和的理想效果。民族地区法治建设的后发优势，不是法治建设各主体一枝独秀、独领风骚的独角戏，而是需要汇聚民族法治各主体合力的大合唱，需要各方主体相互依存、互相促进才能团结各族民众绘出法治建设的同心圆。重视本土法治资源的法学研究队伍是本地区法治共同体的智囊团，是法治思想引领的"头脑"；强化适应本土特色的司法、执法队伍是法治共同体的主力军，是法治实施的"躯干"；健全的地方法律服务队伍是法治共同体的连接器，是法治协作的"血液"；壮大善用本土优势资源的法治宣传队伍是法治传播的"利嘴"。只有各主体有机组合，才能形成具有健全"人"功能的法治共同体，才能最大限度激发出民族地区法治建设的创造性，形成民族地区法治的后发优势。

第四节　维护国家法治统一，借鉴发达地区经验

一、尊重统一的国家法律制度

尽管民族地区在多方面享有特殊的政策，同时具有民族民间法等本土特色鲜明的法治资源，但法制统一性是中国法治建设的主要特点和基本要求。这是宪法和基本政治制度决定的，也是开展地方法治建设的政治前提。民族地区法治是建设法治中国的重要一环，同时也丰富着法治中国的理论建设与实践内涵。民族地区基于丰富的本土资源、广阔的预留空间和优先的扶持政策，可以开垦法治试验田，对先发地区的法治模式进行二次创新，以实现"弯道超车"，但这一发挥后发优势的过程，必须遵守一个前提，即维护法治统一，尊重国家法律制度。"不抵触、有特色、可操作"是地方立法的三大基本原则，同样也是民族地区法治建设应当遵守的基本原则。其中，不抵触是第一位的。

经过长期努力，国家法律制度已经深入到民族地区，国家制定法在调整社会关系、解决社会纠纷方面发挥了重要作用。但是，鉴于各民族地区有其独特的地理、历史和文化传统，国家法并不能完全适用于民族地区。然而，在统一的多民族国家中，维护法治统一、尊重国家法律制度，是国家主权的基本要求。国家法在全国范围内统一实施是基于相同的政治基础、经济基础的。

民族地区在法治建设的过程中，要坚决维护法治统一，尊重国家法律制度，妥善处理民族习惯法与国家法之间的关系，预防地方法治可能偏离甚至背离国家法治框架的现象出现。在此前提下，从地区稳定发展和有效治理民族边疆的需要出发，明确将民族地区法治建设的基本任务定位在促进民族地区社会生活形态的转变与提升上，培育公民、激活社会、重塑政府，确保法治建设既生机勃勃又井然有序，契合国情区情，遵循法治规律，促使民族地区始终在法治国家建设和地方竞争格局中起推进制度创新与汲取发展新动力的正面作用。

二、学习发达地区经验

中国经济社会发展不平衡导致法治发展存在天然的区域差异性。在地方法治层面上，发达地区经济和社会发展水平高，率先推行区域法治化。发达地区省市普遍重视法治建设，江苏、浙江、湖南、广东等省纷纷出台法规、政策，对地方法治建设进行总体部署，先后提出法治江苏、法治浙江、法治湖南、法治广东等口号，总结出多方面的有益经验。发达地区的法治工作不断尝试、不断创新，为国家整体法治建设进程的探索提供了示范性样本。

民族的特殊性和所处环境的相对封闭性，使得各民族地区的治理方式与现代社会的法治要求形成较大反差，发展过程中面临多层次的复杂问题，需要一系列的体制创新，并不断借鉴发达地区先进的法治经验，否则就无法保证法治建设的有效推进。发达地区的法治经验，是在不断尝试、不断试错的历程中总结而出，已经历过时间的考验和实践的检验，具有参考价值。因此，民族地区有必要借鉴发达地区先进的法治经验，积极转变发展理念，寻找加快法治发展的突破口，甚至可以借鉴某些法律制度或法律运行方案，减少法治建设成本，实现法治环境的改善，进一步优化经济社会发展环境。

第五节　发挥民族民间法的积极作用，在民族地区推进特色化法治建设

民族民间法，在学理上目前尚未形成一致的定义，但一般认为民族民间法多指存在于民族乡土社会中的民族习惯、民族风俗、民族禁忌等。[①] 少数民族自古以来受历史、地理因素的影响，对超自然的力量逐渐形成了神灵崇拜。随着生产力的进步，原始禁忌在生产生活中被演变为民族习惯、民族风俗，随着不同地域、不同民族一代一代地传承和演变，形成了具有稳定性、继承性和规范性的特点。尽管随着民族的兴亡更迭，民族民间法的内容随着社会的变迁在同化、消亡、演化、传承中发生了深刻的变化，但无论是过去还是现在仍然深刻影响着各民族的价值观念和行为规范。正如法国思想家卢梭所言："除了根本法、公民法和刑事法之外，还存在着'第四种法'，而且是重要的法。它既铭刻在大理石上，也铭刻在公民的内心里，它是国家真正的宪法，它每天都获得新的力量，当其它法律过时或者消灭时，它会使它们恢复活力或代替它们，它会维持人们的法律意识，逐渐用习惯的力量取代权威的力量，我们所说的就是风俗、习惯，尤其是舆论。"[②] 民族民间法作为乡土社会中一种重要的社会存在，本质上还是由我国乡土社会的经济基础决定的，反映着不同地域、不同民族社会关系的各个方面，这也决定着与乡土社会相适应的民族民间法将作为一种长期的社会存在，影响着民族地区的社会生

[①]　吴大华、朱灿平. 刍议民族民间法［J］. 云南大学学报（法学版），2001（2）：88.

[②]　卢梭. 社会契约论［M］. 何兆武，译. 北京：商务印书馆，1982：73.

活、社会秩序和社会文化，维系着我国广阔乡土社会的空间秩序。千百年来，经过一代一代人生活的不断总结、积累、继承，民族民间法对民族的生存发展起到不可或缺的重要作用，在与国家法的相互融合、吸收中民族民间法的合理成分成为国家法进一步补充和完善的重要本土资源。在推进民族地区法治建设中，民族民间法在增加民族地区法治供给、维系社会秩序、解决社会纠纷、增加民族地区守法认同等方面具有重要的作用，也是发挥民族地区法治后发优势的特色路径。

一、增加民族民间法在民族地区法治中的供给

民族民间法根植于民族社会土壤，调整和规范着民族地区千百年的社会生活，成了民族地区传统文化符号的重要载体，维系着民族地区社会秩序空间。民族民间法在民族地区的适用有着天然的亲近感和优势，相较于国家法，民族民间法在民族地区的实际效力更强，实现的程度更高，运用范围更广。我国不同民族地区在生动的社会实践中形成了独具特色的民族民间法制度，比较典型的有：景颇族山官制度，瑶族瑶老制度，凉山彝族家支制，苗族鼓社制、议榔制，侗族的款组织……这些各具特色的民族民间法调整着民族社会的方方面面，主要包括规定民族社会组织和成员的权利义务；规定社会道德准则和纠纷的解决；规定社会成员的婚姻、家庭、宗教、丧葬、禁忌等；规定生产资料所有制及财产继承、分配、交换、借贷等内容；规定违规行为的处罚措施等。这些民族地区社会中长期形成的民族习惯法依靠族长、寨老、家支等这一类之领头人的执行，能及时、有效地解决民族地区的社会纠纷，降低国家法律运用的成本。民族民间法正是以其自身的适应性给予国家法以合理的补充，体现了民族地区的法治供给的民族特色和本土特色。

二、发挥民族民间法维系社会秩序的作用

民族民间法对维持社会秩序、维护社会稳定、维系社会人际关系具有重要作用。"社会是按照一定规范整合起来的人类生活的共同体，它按照既定的一套行为规则维持社会秩序，调整人们之间的关系，规定和指导人们的思想和行为方向。"① 民族民间法对社会行为具有指引作用，这种指引既包含确定性指引，也包含选择性的指引，前者多包含一些禁忌，如壮族习惯法规定，不能在"逢地火"的日子（忌日）播种，在忌日不出工、不许下田。选择性指引多引导和鼓励人们从事某种行为，从而维护一定的社会秩序，如瑶族习惯法中有"打茅标"的规定，以此来区分和确定物的所有权。民族民间法对"违法行为"具有强制作用。壮族习惯法规定了对犯龙脉的处理，若在别村背后或别人墓地开荒时，该村可以劝阻不准动土，如果不听劝阻，以后村内不管人畜死难或损失，概由动土开荒者负完全责任。② 民族习惯法对他人行为具有评价作用，其作为一种社会规范是衡量社会组织成员行为的标准和尺度，告诉社会组织成员哪些行为要受到处罚，哪些行为应当被鼓励和提倡。民族习惯法对人们的行为还具有预测作用，人们可以根据生活中的民间习惯法对自己的行为做出合理预测，安排正常的生产生活，减少偶发行为带来的不安定因素，提高社会安全感。此外，民族习惯法还通过一定的社会构成、结构等调整社会规范，实现社会和谐，维持社会秩序。

---

① 田成有. 法律社会学的学理与运用［M］. 北京：中国检察出版社，2002：42.
② 广西壮族自治区编辑组. 广西壮族社会历史调查：第二册［M］. 北京：民族出版社，1985：245.

三、发挥民族民间法解决社会纠纷的作用

民族民间法在解决社会纠纷方面具有独特的优势。首先，表现为解决纠纷的及时性，纠纷当事人一般都是乡里乡亲，大多彼此熟悉，相互之间多是一些土地、水源、相邻权等生产生活中的纠纷，很容易找到纠纷的关键所在，双方通过和解或调解，能及时解决纠纷，减少时间和精力的耗废。其次，表现为解决纠纷的非正式性，民族民间法多表现权利处分的意思自治，纠纷解决的过程主要在社会组织之内，多通过寨老（壮族）、"议榔"（苗族）、瑶老（瑶族）、款（侗族）等组织的调解进行解决，具有较大权利自治的空间。再次，纠纷解决体现以和为贵，民族民间法重视维护家族的团结和睦，人们大多抱着"大事化小、小事化了"的态度，避免矛盾的升级和扩大，多通过赔礼道歉或赔偿损失化解纠纷。比如，广西毛南族处理纠纷时，一方按照习惯法办一席酒，请村老和另一方到场，饭罢由当事人讲述事情原委，由村老摆道理进行裁决，指出双方的是或非，双方都同意，当场给村老下"典钱"（多少不论），表明日后不能反悔，事罢双方和睦相待。最后，表现为纠纷调解的自动履行，一般由寨老（都老、乡老、头人）调解纠纷，为维护自己在社会组织中的声誉和评价，当事双方都能自觉自愿履行。

四、发挥民族民间法在守法认同中的作用

改革开放 40 多年的发展，使民族地区群众的传统思想、价值观念、法观念、伦理观念等社会意识形态有所变化，但决定社会意识形态的自然经济尚未根本改变，民族民间法观念的社会认同依然延续传承。民族地区民众对民族民间法在精神上、心理上、观念上仍具有强烈的亲切感、认同感，社会生活仍然遵循民

族民间的规范。民族民间法中存在着大量优秀合理的成分，符合社会历史进步的要求，对民族地区民众守法认同的形成、守法文化的形成具有重要的作用。壮族习惯法中保护山林水源、维护生态环境的内容对今天壮族社会建设生态文明具有重要的意义；纳西族的走婚和家庭习惯法对促进生产发展、家庭富裕、家庭和睦、赡老抚幼具有良好的示范意义；仡佬族习惯法中尊重父母、师长、长辈的歌谣，对教育后辈发扬良好的家风具有潜移默化的作用；苗族"榔规"中提倡大公无私、热心公益事业、团结友爱、助人为乐、邻里和睦、尊老爱幼等，对乡村精神文明建设具有重要意义。这些在长期历史中形成并延续至今的民族民间智慧，对民族地区民众守法观念、守法意识、守法行为的培育具有潜移默化的深远影响，对引导民众形成守规向善、平和处理纠纷、维护社会秩序的守法文化具有重要的作用。

第五章　民族地区法治建设后发劣势的客观存在与规避

在看到民族地区法治建设存在不少后发优势的同时，不可否认后发劣势的存在。特别是民族地区多处边疆地区，经济发展水平有待提高，人民群众的法治意识、法治创新能力等法治建设的各方面均有待加强。在此背景下，识别民族地区法治建设面临的固有劣势，进而采取有效措施进行规避化解，对于民族地区法治建设意义重大。

第一节　民族地区法治建设后发劣势的表现

一、民众法治意识较弱

人民群众的法治意识是法治建设水平的直接体现。相对于中东部省份而言，民族地区经济社会发展较为缓慢，人民群众的法治意识有待提高，集中表现为缺乏法律基本认知、学法积极性不高、遇事不找法、解决问题不靠法的现象普遍存在。

民族地区群众的法治意识淡薄的现状，其中既有我国法治建设资源配置的客观原因，亦有民族地区自身的原因。我国法治建设主要采取自上而下推动的普法方式，地理位置、自然条件、经济水平等客观因素对法治建设产生重要影响。总体而言，我国法治建设的推动力具有由发达地区向欠发达地区逐渐减弱的趋势。与此相应，我国中东部地区的法治建设水平明显高于我国西部地区，人民群众的法治意识亦明显高于西部地区。而受历史因素的影响，民族地区大多处于"老、少、边、山、穷"区域，自然条件、地理交通、经济基础、文化环境、人才培养等方面均落后于我国中东部地区，由此导致民族地区的人民群众法治意识有待提高。

需要指出的是，民族地区的民族习惯、民族传统、宗教信仰与我国法治建设具有共同的价值追求、精神实质及社会导向。这为民族地区法治建设固有劣势的规避与化解，乃至获取法治建设的后发优势，提供了基础。

二、法治建设人才紧缺

人才是社会各项事业发展的第一资源，亦是民族地区法治建设的重要保障。受经济发展水平较低、教育资源投入有限等因素的限制，我国民族地区法治建设普遍面临人才紧缺的问题，具体表现在立法、司法、行政领域普遍缺乏具备法律职业资格的法律专门人才，更缺乏具有硕士、博士学位的高级法律人才。

一方面，国家层面应出台鼓励法律人才到民族地区就业的政策。法律行业的显著特点是：经济发展水平越高，法律需求往往越旺盛，法律人才的价值越能得到体现。与此相应，北京、上海、广州、深圳等发达地区，聚集了大量高端法律人才。而民族地区由于经济发展较为缓慢，法律行业的需求和层次均与发达省市存在差距，导致法律人才扎根民族地区的意愿较低。2016年《中共广西壮族自治区第十一次代表大会报告》指出："经济总量偏小，人均水平较低……各类人才特别是高层次和高技能人才紧缺的局面没有根本改观，加强人才培养、加快人才集聚任务艰巨。"① 在此背景下，在国家层面出台必要的政策，鼓励法律人才到民族地区就业创业，显然具有重要的现实意义。然而，在国家鼓励大学生到西部就业的政策尚有待加强的背景下，鼓励法律人

---

① 中共广西壮族自治区第十届委员会. 中共广西壮族自治区第十一次代表大会报告 [R]. 2016 – 11 – 21.

才到民族地区就业创业的政策更有待时日，这造成了民族地区法治建设人才的"外援"紧缺。

另一方面，民族地区法律人才的本土培养亦有待加强。总体而言，我国高校主要集中于中东部地区。与此相应，我国法学教育资源亦呈现由中东部地区向西部地区或者民族地区逐步减弱的趋势。而在民族地区的高校中，开设法学专业的高校有限，能够招收法学硕士研究生、博士研究生的高校更是屈指可数。例如，在 2017 年教育部第四次学科评估中，法学专业全国前 98 所高校排行榜上，广西 8 所开设了法学专业的高校中，仅有广西大学、广西师范大学两所高校入选，且仅获得"C–"的成绩；取得 A 类和 B 类等级认定的高校，大多位于北京、上海、武汉等中东部城市。[①] 我国法学教育资源分布的失衡，直接影响民族地区法律人才本土培养的规模与质量，进而导致民族地区法治建设人才的紧缺。

三、经济、政治、文化、社会保障相对薄弱

法治建设属于上层建筑的范畴，它与经济基础和其他上层建筑之间均存在互动关系。受制于自然因素和历史因素，民族地区经济、政治、文化、社会的发展较为缓慢，制约着民族地区的法治建设成效。

（1）就经济发展而言，尽管民族地区在改革开放进程中取得了较大的发展，但与全国其他省市而言，仍然处于靠后的位置。以 2018 年为例，全国五个自治区中，广西 GDP 总量在全国排名第 18 位，其他几个自治区均排 20 名以后，具体见表 5.1。

---

① 2017 年第四次全国学科评估 ［EB/OL］.（2017 – 12 – 28）［2018 – 10 – 27］. http：//gaokao. eol. cn/news/201712/t20171228_1577266. shtml.

表 5.1　2018 年全国 31 省市区 GDP 总量排名

排名	省份	2018 年 GDP（亿元）
1	广东	97300.00
2	江苏	92595.40
3	山东	76469.70
4	浙江	56197.00
18	广西	20352.50
22	内蒙古	17289.20
26	新疆	10881.96
29	宁夏	3705.18
31	西藏	1400.00

尽管广西的经济总量在五个自治区中排名靠前，但与广东、江苏、山东、浙江等发达省份相比，仍然存在较大差距。事实上，2018 年深圳、广州两市的 GDP 总量分别是 24221.98 亿元和 22859.35 亿元，均超过广西整个自治区的 GDP 总量。民族地区的经济发展，影响边疆巩固、民族团结甚至社会稳定。2014 年中央民族工作会议就曾深刻地指出，帮助民族区域自治地区发展经济和改善民生，是新时代落实民族区域自治制度的关键环节。①

（2）就文化建设而言，尽管改革开放以来，民族地区在传承和发扬中华传统文化方面做了大量工作，民族团结的思想基础得到巩固，但由于思想认识的问题，民族地区在挖掘和弘扬民族优秀文化方面仍然有待加强。同时，民族地区的新闻媒体在挖掘和弘扬民族优秀文化方面，亦发力不够。与之相应，民族优秀文化中的法治元素亦未得到一些相关部门的重视。文化建设的不足，使得民族地区法治建设缺乏坚实的文化基础。

欣喜的是，随着脱贫攻坚和"一带一路"建设的持续推进，

① 2014 年中央民族工作会议 [EB/OL].（2014 - 09 - 30）[2018 - 10 - 27]. http：//www.cssn.cn/zt/zt＿xkzt/zt＿fxzt/mzgzhgyzw/2014nzymzgzhytw/201501/t20150113＿1476567.shtml.

民族特色文化对旅游产业的拉动作用日益凸显，挖掘民族文化，讲好民族故事，增强文化自信，已经成为广泛共识。以广西的花山骆越文化为例，其蕴含了稻作文化、龙舟文化、铜鼓文化等丰富内容，民族文化气息浓郁。随着 2016 年左江花山岩画文化景观成功入选世界遗产名录，花山骆越文化迎来弘扬发展的新时代，助推了当地旅游产业的蓬勃发展。

（3）就社会发展而言，改革开放以来，民族地区社会事业蓬勃发展，改革开放的成果不断惠及民族地区的人民群众。相关研究表明，在教育方面，到 2015 年，民族地区已形成从民族小学到民族高等学校的民族教育体系；人民生活的基本权利保障方面，到"十二五"末，新农保和城镇保险制度在民族地区已实现了全覆盖，并实现了自治区一级的统筹。①

然而，受制于经济发展水平的限制，民族地区的社会发展水平仍然有待提高。例如，在教育方面，民族地区未接受教育人口和初中文化程度以下人口占比较大。据统计，义务教育巩固率到 2018 年年底只有 86%，远低于同期全国平均水平；社会保障方面，民族地区实现全国公共服务均等化要求仍然比较遥远。②

此外，受经济发展水平和就业机会的限制，民族地区和西部地区存在农民工涌向发达省份务工的普遍现象，由此带来"留守儿童""空巢老人"等社会问题，这亦凸显了民族地区加强经济发展和社会发展的必要性。

四、法治建设内生动力不足

民族地区的法治建设，不能照搬照抄国家的有关法律，而应

---

① 徐江虹. 民族地区经济社会协调发展路径研究 [J]. 南宁：广西民族研究，2019（3）：146.

② 徐江虹. 民族地区经济社会协调发展路径研究 [J]. 南宁：广西民族研究，2019（3）：147.

当结合民族特点，突出民族地区的特色，挖掘地区法治建设的内生动力。但事实上，当前我国民族地区的法治建设内生动力仍显不足，具体表现在两方面。

一是自治机关的自治意识有待加强。我国《宪法》第116条规定："民族自治地方的人民代表大会有权依照当地民族的政治、经济和文化的特点，制定自治条例和单行条例。"虽然宪法赋予了自治权，但民族自治区域的立法机关并未充分行使法治建设的自治权。不仅制定出台的自治条例或单行条例为数不多，而且现有条例的内容，多以国家的相关法律规定为主，彰显民族特色的内容比较缺乏。例如，在国务院发布《实施〈中华人民共和国民族区域自治法〉若干规定》后，各民族自治地方均按照该规定制定了各自的实施办法，但这些实施办法大多属于对国家规定的重复、细化，缺乏具有民族特色的条款。[①]

二是民族地区法治建设还面临民族习惯的影响。如前文所述，民族习惯在民族地区的社会治理中占据重要地位，发挥着行为规则的作用。民族群众的相关纠纷，往往通过民族习惯即可得到妥善解决，这在某种程度上削弱了民族地区的法律需求，进而导致民族地区法治建设的内生动力缺乏。例如，广西壮族的民族习惯就涉及禁止偷盗、禁止赌博、禁止通奸，以及财产继承和买卖，维护道路、山水生态等内容，这些民族习惯经过村寨全体成员的同意而成为壮族群众的共同行为准则。违反该民族习惯者将面临同胞的严厉惩罚，该民族习惯在壮族地区得到严格遵守。[②]

五、制度创新能力欠缺

受法治人才紧缺的限制，民族地区的法治建设普遍存在"参

---

① 张帆. 我国多民族地区社会管理法制化建设研究 [D]. 广州：华南理工大学，2013：116.

② 夏建民. 民族地区行政法治进程中民族习惯法的价值建构 [J]. 贵州民族研究，2015 (6)：9-12.

考借鉴"其他发达省市制度的现象，法治建设制度创新能力有待提高。

一方面，民族地区的法治建设的制度创新面临客观困境。民族地区的立法工作，本应该在充分调研本民族地区的民族习惯、民族传统的基础上进行推进，但由于民族地区法治人才的紧缺，相关立法工作的推进显得较为疲软。在此背景下，参照发达省市的立法就成为惯例加无奈的选择。由此而制定的民族地区的相关法律，往往难以彰显本民族的特色，在可操作性和针对性方面亦大打折扣。特别是，随着全国人民代表大会逐步下放立法权，民族地区的立法工作将面临制度创新方面的诸多考验。

另一方面，法治建设的制度创新尚存在思想认识的问题。部分民族地区的党政领导在推进法治建设的过程中，片面地认为民族地区法治建设就是宣传国家的法律法规，提高群众的守法意识。其实，法治建设的宗旨是搭建多元的纠纷解决机制，及时化解群众纠纷，维护社会和谐有序发展。而在这一过程中，不仅国家的法律法规起着基础性作用，同时习惯法亦发挥着重要作用，这为民族地区法治建设的创新提供了广阔空间。事实上，民族地区有着经过历史检验的优秀民族习惯，是法治建设的宝贵经验。如果将这些民族习惯与法治建设的制度创新有机结合，民族地区则有望实现"弯道超车"，形成民族地区法治建设的后发优势。

第二节　民族地区法治建设后发劣势的规避

民族地区的法治建设是我国法治建设的重要组成部分，亦是全面依法治国的必然要求。随着 2018 年党中央成立全面依法治国委员会，法治建设已经被提高到了空前的地位。民族地区法治建设后发劣势的规避化解，需要地方党委、政府多管齐下，对症施治，包括法治氛围营造、人才队伍建设、社会综合发展、政绩考察办法优化、法治学习与制度创新能力强化等方面。

一、在全社会兴起尊法守法、知法用法之风

针对民族地区人民群众的法治意识淡薄的问题，应在全社会兴起尊法守法、知法用法之风。正如习近平总书记指出的："只有树立对法律的信仰，各族群众自觉按法律办事，民族团结才有保障，民族关系才会牢固。要增强各族群众的法律意识，懂得法律面前人人平等，谁都没有超越法律的特权。"[①] 增强民族地区人民群众的法治意识，不仅需要民族地区党委、政府的积极作为，更需要社会资源的积极配合。

具体而言，主要体现在以下三个方面。

（1）地方党委、政府应提高思想认识，采取针对性的普法措施。首先，民族地区的政府应加强法治宣传的财政投入，加大普法宣传力度。特别是针对地理位置较为偏远的民族地区，应将其作为重点的普法对象。其次，民族地区的政府应采取多元化的普法措施。以新疆为例，职业技能教育是新疆开展法治建设的重要抓手，通过法治教育与职业技能教育的有机融合，有效遏制了暴力恐怖案件的多发频发，取得了良好的法治建设成效。2019 年国务院发布《新疆的职业技能教育培训工作》白皮书，对新疆的职业技能教育和法治教育的成效做了充分肯定。

（2）积极利用社会资源开展法治建设。法院、检察院、仲裁委员会、律师事务所、高等院校、行业协会、新闻媒体是法治建设的重要力量。民族地区的法治建设应积极调动这些社会资源进

---

① 习近平. 在中央民族工作会议暨国务院第六次全国民族团结进步表彰大会上的讲话 [M] //习近平关于全面依法治国论述摘编. 北京：中共中央文献出版社，2015：90.

行普法宣传。例如，根据"谁执法，谁普法"的原则，由民政部门普及婚姻家庭领域的法律法规，由环保部门普及环境领域的法律法规，由工商行政部门普及市场经营领域的法律法规等。又如，充分利用民族地区的广播电台、电视台，联合法院、检察院、仲裁委员会、律师事务所等法律机构，通过故事节目的方式宣传与生活密切相关的法律概念和法律制度，增强普法活动的趣味性和易接受性。此外，还可以充分利用高校优质的教育资源，联合高校的法学院共同开展"送法下乡"的普法活动，特别是有关婚姻家庭、土地纠纷、未成年人保护、老年人权益保护、扫黑除恶等方面的法律法规，培育尊法守法、知法用法的风尚。

（3）充分调动基层自治组织的法治宣传作用。基层群众自治组织包括村民委员会和居民委员会，它们是民族地区法治建设的重要抓手。在法治建设方面，基层群众自治组织具有地域优势，应通过开展普法活动、群众纠纷化解等方式，将法治精神融入人民群众的日常生活。民族地区的法治建设，应当加大对基层群众自治组织的建设力度，充分发挥其在法治宣传方面的重要作用。以广西象州县为例，为有效化解群众信访难题，该县构建了县、乡、村、屯"四级综治信访维稳网络"，充分吸收基层群众自治组织参与法治建设。在此基础上，122 个村成立工作室，812 个村屯成立联络网点，在乡村社会治理、矛盾纠纷排查、组织专项整治、开展平安宣传等方面发挥了重要作用。象州县的群众安全感实现了由 2013 年广西壮族自治区第 43 位提升至现今居广西壮族自治区前几位的可喜成绩。①

二、加大法治人才队伍建设力度

加大民族地区法治人才队伍的建设，可以从三个方面进行。

---

① 象州县加强和创新社会治理综述 ［EB/OL］. （2016－03－04）［2019－08－18］. http：//www. pagx. cn/html/2016/jrgz_0304/49109. html.

（1）增强人才观念，制定出台有力的人才政策。近年来，各省市都逐步意识到人才是第一生产力，纷纷制定和出台了相应的人才政策。例如，2017年，武汉市提出实施"百万大学生留汉创业就业工程"，先后发布《关于支持百万大学生留汉创业就业的若干政策措施》等人才政策，吸引大学生留汉就业创业。同年，广东省委组织部、省人力资源社会保障厅等13个部门联合出台《关于加快新时代博士和博士后人才创新发展的若干意见》，意见明确表示将投入63亿元巨额资金，引进5万名博士和博士后。面对发达省市"抢人大战"进入白热化，民族地区亦应放眼长远，积极作为，探索出台吸引法律人才到西部就业创业的人才政策。

（2）重视民族地区的教育投入，增强法学教育的师资力量。第一，民族地区的教育资源要更多地投入法学教育领域，改善民族地区的教育基础设施，为法治人才的培养营造良好的"硬件"环境。第二，支持民族地区法学的学科建设，特别是一级学科硕士点、一级学科博士点的建设，为法治人才的本土化培养奠定"软件"基础。第三，民族地区积极争取国家教育部门的政策支持，同时加强与发达省市的高校之间的沟通交流，为民族地区的高校争取更多的"智力"资源，加快民族地区法学学科和法学教育的建设。在这方面，新疆大学是典型代表，其虽然地处民族地区和西部地区，但通过积极争取国家教育资源的投入，争取发达省市高校的对口支援，于2018年获批法学一级学科博士学位授权点，在民族地区的法学教育方面取得了突破。

（3）用好现有的法律人才，形成合力。民族地区不仅要在法学教育和引进高端法律人才方面下足功夫，而且也应采取措施积极用好法律人才。例如，青少年法治教育是民族地区法治建设的重要内容，而在青少年法治教育的过程中，可以吸收法院、检察院、律师事务所等法律机构的专业人员参与其中，增强青少年法治教育的现实效果。民族地区的高校甚至可以开设青少年法治教育专业，专门培养面向青少年法治教育的法律人才，为民族地区的法治建设注入新动力。

三、通过推进社会各方面的发展带动法治建设

经济、政治、文化、社会发展是民族地区开展法治建设的保障，应加强经济、政治、文化、社会发展与法治建设的协调推进。

（1）应强化经济建设，为法治建设提供充分的经济基础。党的十九大报告提出："实施区域协调发展战略。加大力度支持革命老区、民族地区、边疆地区、贫困地区加快发展，强化举措推进西部大开发形成新格局。"① 经济基础决定上层建筑，加强民族地区的经济建设，是推动法治建设的必然要求。以新疆为例，通过加强职业技能教育培训，不仅有效提升了学员的知识水平和劳动技能，促进了就业，增加了他们的收入，同时，稳定安全的社会环境，又吸引了大量游客，拉动新疆旅游业的快速发展，实现了法治建设与经济发展的良性互动。

（2）在政治建设方面，民族地区应强化党政领导干部的法治建设意识，将法治建设作为民族地区各项事业建设成效的重要指标。民族地区应当开展法治建设的党政干部培训，提高法治建设的认识，使党政干部自觉将法治建设融入民族地区建设的各方面，做到有法必依、执法必严，推动民族地区形成崇尚法律的信仰。与此同时，行政基层监督机制是民族地区政治建设的重要内容。在民族地区法治化建设进程中，立法是前提，执法是途径，监督是关键。② 这种监督机制不仅来自上级单位或者其他法律监

---

① 习近平. 决胜全面建成小康社会夺取新时代中国特色社会主义伟大胜利——在中国共产党第十九次全国代表大会上的报告［M］. 北京：人民出版社，2017：33.

② 沙莉. 依法治国背景下民族地区法治化建设探析［J］. 重庆科技学院学报（社会科学版），2018（5）：19.

管机构，还应来自民族群众的监督。① 通过群众法律意识的提升，汇集群众监督力量，增强民族地区党政干部的依法行政意识、服务人民群众意识。

（3）在文化建设方面，民族地区应积极挖掘民族特色文化，培育和壮大民族文化产业。正所谓民族的就是世界的，党的十九大报告明确指出，全党要更加自觉地增强道路自信、理论自信、制度自信、文化自信。② 民族文化是历史形成的，其中不乏人类优秀的文化成果，民族地区应当增强文化自信，弘扬民族文化。以广西为例，壮族"三月三"就是极具民族特色的节日，通过将壮族"三月三"设立为民族节日，不仅凸显了壮族文化的魅力，而且有助于拉动民族经济的发展。更为重要的是，民族文化的挖掘与弘扬，有利于为民族地区法治建设的发展营造良好的文化环境。

（4）在社会发展方面，民族地区应在社会发展方面投入更多的资源，全面发展教育、医疗、养老、社会救助等社会事业，不断增强民族地区人民群众的幸福感和获得感。通过不断发展经济，切实解决"留守儿童""空巢老人"等社会问题，进而带动民族地区法治建设事业的发展。值得一提的是，近年来广西在农业农村领域的建设不断加强，农村的发展环境日益改善。县县通高速、乡镇通公交、村村通道路硬化的良好局面正在逐渐实现，农村的基础教育设施逐渐提高，农村合作医疗基本实现全覆盖，而随着农村互联网基础设施建设的不断推进，通过互联网销售农产品、运用网络直播拉动乡村旅游逐渐成为新时尚。

此外，2016年《国务院关于印发"十三五"促进民族地区和人口较少民族发展规划的通知》还从经济发展、协调发展、共享发展、绿色发展、开放发展、创新发展、团结发展等方面，对

---

① 李育. 民族地区基层行政法治建设的民族思维［J］. 贵州民族研究，2017（11）：25.

② 习近平. 决胜全面建成小康社会夺取新时代中国特色社会主义伟大胜利——在中国共产党第十九次全国代表大会上的报告［M］. 北京：人民出版社，2017：17.

民族地区未来发展的主要指标做了详细规划①（见表5.2至表5.8），该发展规划为民族地区的经济社会发展描绘了蓝图。

表5.2　我国"十三五"时期民族地区经济发展主要指标

指标	2015年	2020年	年均增速（累计）	属性
地区生产总值	6.65万亿元	9.80万亿元	>8%	预期性
全员劳动生产率	6.48万元/人	9.10万元/人	>7%	预期性

注：地区生产总值、全员劳动生产率按可比价计算，绝对数按2015年不变价计算。

表5.3　我国"十三五"时期民族地区协调发展主要指标

指标	2015年	2020年	年均增速（累计）	属性
工业增加值	2.62万亿元	>3.80万亿元	>7.5%	预期性
服务业增加值比重	42.26%	47.00%	（4.74%）	预期性
城镇化率	47.09%	54.20%	（7.11%）	预期性

注：①工业增加值按可比价计算，绝对数按2015年不变价计算。②"（ ）"内为5年累计数。

表5.4　我国"十三五"时期民族地区共享发展主要指标

指标	2015年	2020年	年均增速（累计）	属性
农村贫困人口脱贫	—	—	（1805万人）	约束性
居民人均可支配收入增长	—	—	>9%	预期性
劳动年龄人口平均受教育年限	9.01年	10.30年	（1.29年）	约束性
城镇新增就业人数	—	—	（>500万人）	预期性
基本养老保险参保率	81.7%	90.0%	（8.3%）	预期性
人均预期寿命	—	—	（1岁）	预期性

注：①"（ ）"内为5年累计数。②城镇新增就业人数仅包括5个自治区。③"—"代表暂无数据。

---

① 《国务院关于印发"十三五"促进民族地区和人口较少民族发展规划的通知（国发〔2016〕79号）》第二章第三节。

表5.5　我国"十三五"时期民族地区绿色发展主要指标

指标	2015 年	2020 年	年均增速（累计）	属性
耕地保有量	3.19 亿亩	3.19 亿亩	（0 亿亩）	约束性
单位 GDP 能源消耗降低	—	—	（13%）	约束性
森林覆盖率	17.85%	19.80%	（1.95%）	约束性

注：①"（）"内为 5 年累计数。②"—"代表暂无数据。

表5.6　我国"十三五"时期民族地区开放发展主要指标

指标	2015 年	2020 年	年均增速（累计）	属性
进出口总额	1201.0 亿美元	>2114.4 亿美元	>14%	预期性
边贸进出口额比重	33.4%	43.6%	（10.2%）	预期性
实际利用外资额	109.79 亿美元	>151.10 亿美元	>6.6%	预期性

注："（）"内为 5 年累计数。

表5.7　我国"十三五"时期民族地区创新发展主要指标　　（%）

指标		2015 年	2020 年	年均增速（累计）	属性
研究与试验发展经费投入强度		0.74	1.70	（0.96.）	预期性
科技进步贡献率		45.8	54.0	（8.2）	预期性
互联网普及率	固定宽带家庭普及率	36	60	（24）	预期性
	移动宽带用户普及率	50	79	（29）	

注："（）"内为 5 年累计数。

表5.8　我国"十三五"时期民族地区团结发展主要指标

指标	2015 年	2020 年	年均增速（累计）	属性
少数民族人口流动率	15.09%	16.90%	（1.81%）	预期性
全国民族团结进步教育基地	57 个	>117 个	（>60 个）	约束性

续表

指标		2015 年	2020 年	年均增速（累计）	属性
全国民族团结进步创建	示范区	0 个	>1000 个	（>1000 个）	约束性
	示范单位	135 个	>1135 个	（>1000 个）	

注："（ ）"内为 5 年累计数。

四、将"法治 GDP"作为政绩考察指标之一

针对部分民族地区的党政领导干部不太注重法治建设的问题，可以将法治建设的成效作为民族地区干部考核与提拔的必要条件，以及政府绩效管理的重要指标。通过将"法治 GDP"纳入政绩考察的指标，有助于激发党政领导干部和各级人民政府推动法治建设的积极性，倒逼党政领导干部将法治建设摆在突出地位。这是规避化解民族地区法治建设固有劣势的有效手段。

"法治 GDP"的考核，应强调、注重以下内容。①就立法而言，强调科学立法和民族立法，既包括民族自治条例或单行条例立法的数量，又包括立法的质量和民族特色；②就司法而言，强调公正司法，努力让人民群众在每个案件中感受到公平正义；③就行政而言，强调依法行政、有法必依、执法必严，杜绝徇私舞弊现象，构建法治政府；④就普法宣传而言，强调在全社会形成尊法守法、学法用法的良好风尚；⑤就社会治理而言，强调社会治安防控体系建设，社会矛盾精准排查与精细化解，以及打击暴力恐怖和各类违法犯罪活动等方面。①

五、加强法治学习与制度创新能力

民族地区的法治建设，不仅需要从外部环境方面进行发力，

---

① 中共广西壮族自治区第十届委员会. 中共广西壮族自治区第十一次代表大会报告［R］. 2016－11－21.

更需要从内生动力方面，不断加强法治学习和制度创新的能力。

在法治学习方面，应学懂、弄通国家相关法律与政策。通过举办相关主题的研讨会，邀请国家立法机关、理论界和实务界的专家学者交流探讨，从而提高民族地区法治建设的理论水平。甚至可以吸收高校的法治资源，参与民族地区的法律与政策实施细则的制定，提升法治学习的效果。同时，还应加强与发达省市法治建设的沟通交流，广泛开展调研学习的活动，为民族地区法治建设提供更多可供参考的法治建设的实践经验。

在制度创新方面，应当充分认识民族习惯法在法治建设中的重要作用。民族习惯法是经过历史检验的行为规则，是与国家法相对应的"软法"，能够补充法律的不足之处，解决法律实施过程中的"水土不服"问题。同时，由于民族习惯法是民族地区的特有资源，能为法治建设提供创新元素。民族地区应深化调查研究，总结梳理民族习惯法当中符合现代法治精神的价值理念、纠纷解决机制等元素。在此基础上，将民族习惯法融入自治条例、单行条例或法律法规的实施意见。

当然，吸收民族习惯进行制度创新时，民族地区应正确认识国家法律和民族习惯之间的关系。第一，民族习惯与国家法治并不矛盾。在民族地区推进法治建设，目的是确保国家的统一和稳定。而民族习惯在法治建设中亦具有自主发挥的空间，即通过充分行使宪法赋予的民族自治权，将国家法律的内容进行细化，以适应本民族地区的实际情况。第二，在尊重国家法律主体地位的基础上，对民族习惯中符合现代法治精神的内容，赋予其法律效力。事实上，在西部民族地区，广泛存在着保护林木、善待老人等符合现代法治精神的规定。而在纠纷解决机制方面，民族地区普遍采取调解的方式，这与现代法治精神亦不谋而合。与此相应，对于不适合法律进行规范和调整的社会领域，应交由民族习惯、宗教信仰等已有的社会规范进行调整。"面对西部地区少数民族群众众多，人机关系密切的实际特点，我们必须留给其他社会规范相当程度的作用范围和活动空间。"①

　　关于民族地区的制度创新，还须注意制度创新的实施问题。根据党的十八届四中全会的精神，要健全立法机关主导、社会各方有序参与立法的途径和方式，探索委托第三方起草法律法规草案。第三方的人员构成不仅应当包括法学领域的专家，而且还应包括民族学领域的专家。此外，在民族地区立法过程中，应广泛征求公众意见，听取政府民族事务管理部门、民族事务委员会等机构的建议，确保民族地区立法的科学性和创造性。

---

① 廉睿，孙蕾. 西部民族自治地方法治建设的范式研究 [J]. 保定学院学报，2015（11）：31.

第六章 法治广西建设的后发优势挖掘和劣势应对

2016 年 1 月通过的《广西壮族自治区国民经济和社会发展第十三个五年规划纲要》在第五十五章《健全民主法治》中明确提出："全面推进法治建设，建设法治广西。"近几年广西壮族自治区政府年度工作报告多次提到，要加快推进平安广西、法治广西建设。自治区主席陈武在 2017 年广西壮族自治区政府工作报告中提到深入推进法治广西、平安广西建设。广西壮族自治区第十一次党代会数十次提到"法治"一词，要求全面推进法治建设，更好地维护社会公平正义。①《中共广西壮族自治区委员会关于深入学习宣传贯彻党的十九大精神的决定》指出，"要使广西以繁荣富裕、开放创新、文明法治、团结和谐、美丽自信的崭新形象展现在世人面前"。2019 年 3 月，在广西壮族自治区党委举办的全自治区省级领导和厅级主要负责同志专题研讨班上，自治区党委书记、人大常委会主任鹿心社作了《解放思想，改革创新，扩大开放，担当实干，奋力开启建设壮美广西共圆复兴梦想新征程》的开班讲话暨专题报告，指出广西壮族自治区全面建成小康社会实现程度低于全国实现程度，经济发展、民主法治等监测指标落后于全国水平，所以"要统筹抓好民主法治、文化、党的建设、纪检监察等各领域改革"。

可以说，法治广西建设是民族地区法治建设的重要组成部分。根据目前的实际情况，要实现广西在各方面赶超先发地区，就要求广西从现实出发，充分利用后发优势，但是这种后发优势只有通过自身的努力和创造有利条件才能成为现实。因此，除了对民族地区法治建设的一般性后发优势进行充分利用与转化，我们还需要对法治广西建设的其他后发优势进行探索和挖掘。同

---

① 中共广西壮族自治区第十届委员会. 中共广西壮族自治区第十一次代表大会报告［R］. 2016 − 11 − 21.

时，对于民族地区尤其是广西法治建设客观存在的固有劣势，也要寻求应对之法。

第一节　法治广西建设后发优势的挖掘

总体上看，法治广西建设可以充分利用本土资源，从依法治市、法治乡镇、法治村屯建设等多个层次大力展开，由点到面，一体贯通，注重在民族立法、沿海沿边立法、"一带一路"建设方面强化科学立法、特色立法，同时建立健全地方各级法治评估环节，在广泛学习吸收周边省份的先进经验过程中，充分结合本地实际情况积极创新法治工作，开辟广西法治建设新局面。

一、进一步加强对本土资源的重视和利用

丰富的本土资源是民族地区法治建设的"宝贵财富"，这对法治广西的建设充满启示。前面已经论及，民族地区法治建设有着丰富的本土资源，在保护环境与资源、建设和谐社会和亲睦家庭、减少刑事案件、强化规则信仰等方面的治理规范非常充分细密，有助于当前法治文化的培育。那么，我们更应该进一步加大对本土资源的重视和利用，以期对法治广西的建设起到推动作用。

少数民族习惯法是独立于国家制定法之外，为了满足少数民族生产和生活关系需要而约定俗成的区域性行为规则总和。民族习惯法多姿多彩，能够给我国法治的发展建设带来丰富启发。作为一种社会规范，少数民族习惯法在全体族裔的社会生活中都发挥着重要的规范作用。应全面理解习惯法的现实地位和价值，科

学继承其合理成分，将本地区优秀的文化传统习惯与我国的法治建设相结合，在统一法治建设体系下，协调民族地区内部和外部发生纠纷时的法律适用问题，发挥民族习惯法的社会功能。加强民族地区的思想解放，促进民众权利的发展，从习惯法自身出发，去其糟粕，适应时代的发展，促使其与国家法律相得益彰。

道德伦理在民族地区十分重要，也同样能在法治发展中起到推动作用。我国提倡"德治"与"法治"相结合的法治建设理念，道德和法律都是上层建筑的重要内容，它们相互联系，相互补充。两者在法治中都寻求公正的价值目标，有共同的结合点。法律规范中存在着一定的道德伦理精神，道德是促进法治的内在力量。法治精神在立法、执法、司法过程中无处不在，相关人员不可避免地会受到自我意识和主观意志的影响，只有他们确立适当的价值观和道德良知，抵制外界的诱惑，排除任何利益对法律程序的干扰，消除歧视和偏见，才能确保实现程序正义和实体正义的统一，实现法治。对于与现实国情有差异的民族地区独特的精神内涵，可以在加以选择的基础上融入立法、执法和司法过程中。

民族地区特有的对保护环境及自然资源的尊重和崇拜，给法治发展带来了新的活力。在地区法治建设规划中，应将经济发展与环境开发保护相结合，建立和完善资源与环境的经济补偿机制，尽快制定出既能保护生态，又能促进资源合理开发利用的地方性环境法规，通过税收的手段保护资源与环境，学习编制自然资源资产负债表，促进生态资源和法治建设新思路相结合，"既要金山银山，也要绿水青山"。

法治建设的过程中，针对本地区独特的环境资源，适当运用差别化的立法、司法和行政举措才能有效促进后发优势的发挥。民族习惯与道德伦理要积极倡导，普法应当走进基层、深入人心。典型地区有广西凭祥市和罗城仫佬族自治县。广西凭祥位于我国西南边境，与越南接壤边境线长 97 公里，随着国家"一带一路"倡议的推进、中越贸易的发展，中越跨境劳务用工需求也不断增多，非法入境、非法居留、非法就业的"三非"人员也不断增加，这严重影响了边境地区的经济发展和社会稳定。2017年6月15日，广西首个军地联建涉外法治宣传教育凭祥基地正式揭牌成立，对"三非"人员的法治宣传教育起到了十分重要的作用，面对面的说服教育和"三非"人员的现身说法，将对维护边境的安全稳定产生良好的效果。罗城仫佬族自治县位于广西西北部，是全国唯一的仫佬族自治县，同时也是国家重点扶贫开发县。在这个边远山区的县人民检察院，利用群众喜闻乐见的方式与群众歌手对唱山歌普法，四把镇举行了"罗城山歌唱普法、法律走进千万家"的法治山歌文艺演唱会，这些"接地气"的普法形式让群众在欢笑声中接受了法治教育，增强了法治意识。

以上带给我们的启示是，本土资源的妥善利用，会给法治进步带来显著的益处。因此，进一步加大对本土资源例如民族习惯法、民族道德伦理、环境崇尚理念的重视和利用，挖掘法治广西的后发优势，应当是今后工作的重点。

二、加大对法治广西建设的投入并形成声势

近年来，在"全国法治县（市、区）创建活动先进单位"和"全国民主法治示范村（社区）"评选中，广西都榜上有名。河池市五个自治县中，有三个自治县都获选了两次以上，这在我国的自治县中是比较少见的。河池都安瑶族自治县更是连续四批都有"全国民主法治示范村"；2015年的第六批"全国民主法治示范村（社区）"，河池市两个自治县有村上榜。这些地方的法治建设，是值得其他地区关注与学习的。法治广西的建设，可以通过网络媒体等渠道加大对这些示范县、市、村的典型和先进事迹进行表彰与宣传，使广西其他地区能学习和借鉴，形成良好的激励机制。

加大对法治广西建设的重视与投入，不能缺少对于广西各个地方的典型、先进的表彰与宣传。例如，通过对都安瑶族自治县法院卢汉票这样的优秀人物进行表彰，可带动引领全自治区所有的政法系统公职人员爱岗敬业，公正无私，为民奉献；正面激励、典型示范的工作方法在依法治市、法治乡镇、法治村屯等多个层次展开，由点到面，全面贯通，有声有色，便可形成激浊扬清、争创业、比奉献的气势。

加大对法治广西建设的投入当然不能仅仅止于宣传引导，更需要在全区范围内投入足够的人力、物力、财力，真抓实干，正确得法，深入研究当前实际，大力突破瓶颈、症结，从而使全区的法治面貌越来越好。对此，广西壮族自治区党委书记在《在中国共产党广西壮族自治区第十一次代表大会上的报告》《中共广西壮族自治区委员会关于深入学习宣传贯彻党的十九大精神的决定》，2017 年以来的自治区政府工作报告中均有详细论述，从指导思想、行政管理体制机制改革、司法体制改革、社会治理方式完善、法律监督机制健全、守法用法氛围形成等方面做出全面规划部署，显示了广西全面加快推进法治建设的坚强决心。纲领、方案明确以后，贵在落实，这既需要有关部门加大投入保障，也需要地方各级领导干部统一思想，加大对法治工作的重视，并身体力行，带头贯彻实施，在各个领域体现法治的力量和精神。

三、强化科学立法、特色立法

科学立法要求根据法律所调整情况的客观规律，使法律规范与其规制的事项保持高度和谐。法治广西建设，立法是先导，也是基础。在这个南邻北部湾、西南与越南接壤，同中国—东盟自由贸易区、21 世纪海上丝绸之路经济带有机衔接的重要门户，科学立法、特色立法成为法治广西建设的后发优势，在立法上有望形成重要成果。

总体来看，广西在立法上注重对地方独特的民间传统文化、历史文物、非物质文化遗产的法律保护，在发展工业产业和开发旅游经济的同时，更重视保护自然环境免遭破坏，维持生态安全与平衡，维护生物多样性，珍惜青山绿水、城乡清洁。2011 年 5 月 1 日正式实施的《广西气候资源开发利用和保护管理办法》，成为全国首部专门规范气候资源开发利用和保护工作的政府规章。① 在人口卫生、科学教育、城镇建设等涉及社会生产、生活的领域，广西根据地方民族特色和地区实情，做出了较为丰富、妥帖的立法规定。可以说，广西立法工作呈现出多层次、立体化的特点，立法数量和质量不断上升，法制构架日益完善。但广西地方立法在取得显著成绩的同时，也存在以下的问题：地方特色总体不鲜明，创新力度有限；不少法规、规章的法律责任部分不严谨，科学性、可执行性有待加强；部分地市立法的质量还不够高，难以实现既定目标。因此需要在以下方面加以改进。

（1）充分利用本土民族法律文化资源，完善民族特色立法。

广西是多民族聚居区，具有丰富的少数民族习惯法经验和民族法律文化资源，民族自治地方立法具有借鉴本土民族法律文化资源的天然优势，应该好好发掘自身的资源，促进地方立法和社会的发展。在立法中，将民族法律文化资源中的有益元素融入地方法规，更符合实际需要。所以，实现民族自治立法与民族习惯法的相融②应当是广西完善地方立法的一个较佳途径。在立法上可以充分利用民族地区习惯法与道德伦理的积极作用，做到法规立项符合现实性、法规体例力求实用性、法规内容体现创制性，促进少数民族地区的文明、和谐发展。

---

① 彭本利，蒋慧. 广西应对气候变化立法研究［J］. 广西社会科学，2014（10）：21.

② 陈云霞. "后体系时代"民族自治立法创新研究——以四川省民族自治立法为实证［J］. 贵州民族研究，2011（2）：6.

（2）因地制宜，加强地方特色立法和创新立法。

受历史和现实多种因素的影响，广西有很多独具特色的地域文化。在沿海沿江沿边城市，这种地域特色就更加鲜明。因此，立法应当密切关注并且回应、反映地域特色和地方需求。例如，立法者应结合地方实际问题，展开一系列的立法工作，既为经济发展创造良好的法治环境，也促进社会秩序稳定、各方面和谐发展。

目前，广西立法有很多领域极具创新空间，尤其是在法制一体化、区域经济方面。法制一体化是经济一体化的制度保障和内在要求，是市场体系得以形成和有效运行的根本保障。广西具有面向东盟、陆海相连的地理优势，其中北部湾经济区是广西社会经济发展的核心地带。国家、广西全面实施北部湾战略规划，这为地方立法提出了新的工作方向。北部湾经济区实现经济一体化，离不开完善的法治环境和平台，只有特色立法、创新立法，建立良好的法律制度，进而筑就地区法制体系平台，才能保证北部湾经济区持久的发展繁荣。广西地方立法必须积极抓住这一机遇，以加速区域经济发展。作为另一核心增长极的西江经济带，以及包括左右江革命老区在内的沿边经济带，以桂林国际旅游胜地建设为核心的广西大旅游圈建设，为特色立法、创新立法基础上的区域一体化立法，提出了新的重大课题。

（3）坚持科学发展观念，做到科学立法。

在这一系列的立法活动中，应当遵守科学法规，提高立法质量，不断完善科学立法工作机制，坚持经济社会发展规律作为立法的基本监督和支持，注重立法的稳定性和前沿性立法，科学分配社会资源，公平建立权力与责任，权利与义务之间的关系，注重具体制度的继承与协调，有效提高立法质量。注重与广大群众交流、结合当地实际情况，重点关注乡镇和村屯，听取基层群众意见；有针对性地选择调查地点，采用不同的研究方法，灵活地进行实地访问、随机访谈、问卷调查等，或借助委托调研的形式，注重环境与经济的关系，避免盲目鼓励发展和走先污染后治理的老路。还要强化对地方法规、规章及其他规范性文件的合法性审查和备案审查，在重要法规出台前，评估草案内容项目的实施时间，实施后的社会影响及在实施过程中可能出现的问题，以确保草案内容的质量，加强监督管理。法规实施一定时间后，对其进行"体检"——评估，以确定法规中特定制度的设计是否合理，法规的实施是否给出了预期的结果，进而废除或修订法规，以提高此类文件的合法性和科学性。还应注意深入探讨对外合作中的问题，力求找到最合适、有效的解决方法，实现互惠共赢。

（4）建设专业化立法工作和研究队伍，增强人力、物力、财力保障。

立法工作非易事，广西地方情况相对复杂，立法难度和要求更高。人才是决定任何工作或职业成功的关键因素，法律人才是地方政府立法工作必不可少的资源。这就需要自治区层面及各地尽快培养、组建一支法律素养好、工作能力强，热心于民族法治、立法理论研究的专业人才队伍。针对目前广西立法工作者专业化程度不高的现状，广西人大等有关部门需要加大立法工作团队建设力度。为此，一方面要通过加强学习、交流的方式，加快培养和引进一批优秀的立法工作者，在培训和教育方面科学制订培训计划，积极拓展培训渠道，通过多种途径加强法治和立法人才的法律专业能力，如理论探索、实地研究、学习培训等，以促进更快、更有效的立法人才成长。另一方面要强化立法机关建制，建立立法研究基地，依托政法院校、法学学科团队，进一步加强立法学科建设，优化地区之间专门立法人才配置，高度重视立法工作人员的选拔，尤其注重选拔具有多学科背景及丰富实务经验的法律人才，适当放宽年龄限制条件，实现立法工作队伍的整体完善与平衡发展。同时，应加大物力、财力保障，把精神鼓励同物质奖励结合起来，最大限度地调动和激发立法人才的主观能动性，划拨预算充分的调研、评估、听证等环节的费用。

四、健全优化地方各级法治评估

法治评估是指法治过程中的特定主体，通过评估或衡量的基本方法，根据建立的相应评估标准来测试法治的发展水平和前进方向，并进行事实判断和价值判断，为法治建设风险预防和决策提供依据的过程。随着全面推进依法治国工作如火如荼地开展，各地法治评估体系正在不断建立与完善，法治广西的建设也需要建立健全地方各级法治评估。一直以来，广西都在对各个地方进行依法行政的考核，地方法治政府的建设也取得一定成效。但是，法治评估对象不能仅限于政府，还应对其他法治任务的落实效果进行评估。根据广西壮族自治区人民政府办公厅的发文《全区政府网站绩效评估实施方案（2018—2020 年）》，政府网站的绩效评估也是法治评估的内容。此外，还需要综合性、全面性的地方法治评估。例如，2010 年推出的"法治昆明综合评价"，2011 年出台的法治湖南建设考核，同年发布的四川省"法治指数"。

目前，广西壮族自治区多数地方对此还不够重视，尚未开展全面性的地方法治评估。南宁市政法委等部门曾组织编写了 2013年、2014 年、2015 年《南宁蓝皮书：南宁法治发展报告》，在全国地级市中是首创，每卷分主报告、分报告和专题报告 3 个部分，约 25 万字，围绕行政执法环境、司法法治环境、社会法治环境三个子系统，对法治环境进行多维呈现。但遗憾的是，其并未由此上升到法治评估的层面，公众也就很难据此清楚地意识到南宁的法治发展水平，政府部门也难以据此进行法治工作质量考核和推进。

不管是哪种法治评估，要达到预期效果，都需要科学开展，落到实处，从而达到以评促建的目的。法治评估应在勇于试错的过程中，逐步探索促进区域评估的制度化、标准化和系统化，促进法治的早日实现。地方政府作为区域法治建设的重要增长点，必须始终注意观察法治建设的有效性及其社会效应。可以采用实地研究、访问调查和工作汇报等方式，定期审查和评估各种形式的法治建设，并使用定量和定性研究方法，如问卷调查，座谈会和统计数据等，对该领域法治工作的进展进行分步理解、分散观察，重点是加强现实中法律功能的科学研究。在各级各类法治评估活动中，除了需要实施者总体把握、整体规划与领导，也需要让各评估主体之间横向地进行交流与学习，从而使地方法治评估体系更加完善，法治建设效果更加凸显。

五、学习吸收周边省份的先进经验

他山之石可以攻玉，广西的法治建设需要多吸收借鉴兄弟省份的经验，博采众长。贵州省也是一个经济欠发达地区，与广西在经济与地理位置、国家政策等各个方面有着许多相似之处，但在"十二五""十三五"时期，贵州省各方面综合实力有了飞速增长，成为西部实现跨越追赶的亮点省份。这也是贵州省对后发优势充分利用后取得的成绩。

贵州是经济欠发达地区，有国家多项政策扶持，贵州抓住这一机遇，加速推进经济、社会发展，这些后发优势在广西也都存在。广西要向优秀的邻居看齐、借力，努力把握当下的机遇，重视对国家战略的把握与坚持，积极把国家战略和享受的政策条件运用到区内各个方面的建设，培育挖掘后发优势，努力实现广西的历史飞跃。云南省、四川省同样也有值得我们学习的地方。例如，制定出台发展少数民族村寨旅游规划，充分利用"美丽乡村"建设、新农村建设、生态移民搬迁、农村危房改造、村村通公路等工程，整合部门资金，在旅游业发展较好的县打造几个少数民族村寨旅游示范点，强化少数民族村寨基础设施建设和生产生活条件改善，夯实发展基础，大力推进少数民族村寨的产业结构调整，大力加强社会主义精神文明建设和民族文化建设，增强少数民族村寨自我发展能力，走可持续健康发展道路。周边省份的综合实力在与日俱增，广西必须认真看清与周边省份之间的差距，反观自身的问题，想办法来加速推进本区的发展，少走弯路，实现赶超。

在法治建设方面，周边地区也有不少好的做法。2008 年昆明市委、市政府召开了"依法治市与制度创新工作会议"，提出了"建立健全依法治市量化评估体系"，探索将"法治指数"作为评估法治建设水平的考核机制。为此，市委法治昆明建设领导小组采用"专家 + 职能部门法治建设骨干"模式，组建了专门的课题组。2011 年 7 月，湖南省委第九届委员会第十三次全体会议通过《法治湖南建设纲要》，提出了多项法治建设、改革目标。四川省2016 年开始委托中国社会科学院法学研究所、中国社会科学院国家法治指数研究中心成立项目组，对四川依法治省情况进行了第三方评估，发布《四川省依法治省第三方评估报告》，之后逐年开展。这些做法都值得广西研究、参考。

六、结合本地实际积极创新法治工作

在广泛学习、吸收、借鉴周边省份先进经验的同时，广西对于自身的法治建设还是应当结合本地特有的实际情况，积极地创新法治工作。广西壮族自治区有着自己独有的后发优势，需要在实践中去发掘。当发现具有创新意义、效果显著的法治工作方式时，就积极地推广，以便使广西后来者居上，实现赶超。

都安启动的"瑶山流动科技法庭"促进山区信息化司法与"瑶山巡回法庭"结合，打造巡回法庭升级版，提升审判质效，是都安法院的一个创新法治之举。都安法院还注重加强法院精神文化、廉政文化、管理文化、党建文化建设，这些不仅仅是创新，更是对本地方法治工作的深层次建设。罗城还在边远、少数民族山区，以当地人喜闻乐见的歌谣方式普法，让当事人以身说法，真真切切地使法治在每一个人心中落地生根。

地方的创新精神和先进经验，如能在自治区内法治建设各个领域生根、开花，必然使法治广西进入新的局面。随着宏观形势和局部情况的变化，要不断创新法治工作模式，才能与时俱进。法治方面的创新可以从多个方面进行，如支持法庭办案远程视频审讯系统的建设，测试刑事和解的动机系统的建设及司法仲裁文件的简化改革等；开设不同种类的智能服务窗口或人工窗口，提升证书在线申请效率，倡导制作个性化证书等措施；尝试建设机器人法律服务渠道，优化提供法律咨询的环境，重视保护民营企业权益，为民营企业和中小型企业提供全面、独特的专门法律服务。

七、完善民族区域自治制度

民族区域自治制度是我国的一项基本政治制度，民族区域自治制度的实施为广西壮族自治区的法治建设提供了很多机遇，是广西壮族自治区的又一独特优势。在我国一系列的基本法中，都对民族自治地区做出了授权性规定与特别规定，多达二十余种，涉及政治、经济、教育、宗教、婚姻等。国务院及其职能部门也制定了配套的行政规章和部门法规，这给民族区域自治地区很大的发展空间，对民族自治地区的经济、政治、法律、教育等多方面的建设与发展起到了非常大的作用。

民族区域自治制度的完善，更需要民族聚居区的配合，在立法、司法、行政等多个方面，努力促进民族团结，及时化解各种社会矛盾。民族区域内的法律法规也可多与其他非民族地区相类似的法律法规进行比较，通过对比发现不足与优势，使民族区域自治制度发挥出它更大的作用。完善民族区域自治制度，对社会稳定、经济发展、民族团结、环境保护等各方面，都是有力的制度保障。必须充分了解民族区域自治制度的重要性和优越性，始终确保党在整个过程中各个方面的领导，坚持维护民族团结，服务民族事业，促进民族自治地区的稳定繁荣。贯彻新的发展理念，坚持以人为本的发展思想，整合国家发展战略，立足改革开放和现代化的实践，充分利用本土文化资源，尊重少数民族的风俗习惯、语言和宗教信仰，不断完善"一个系统""两个信息资料库""三支队伍""四项制度"的民族关系监测评价处置机制，坚决抵制影响民族团结的矛盾和争端。以中华人民共和国成立70周年为起点，继续坚持和完善民族区域自治制度，全面贯彻党的民族政治政策，凝聚民族团结。

八、巩固民族团结稳定的局面

长期以来，广西始终把维护和促进民族团结作为重大政治责任来坚守，将其作为工作接力棒来传递，紧紧围绕各民族"共同团结奋斗、共同繁荣发展"这个主题，大力推进民族团结进步，努力使广西成为各民族自治区中民族团结进步的典范。各民族和睦相处，事业持续发展，为广西带来了巨大的发展红利，为广西的法治建设事业创造了良好环境，提供了重要保证。

罗城仫佬族自治县现有仫佬族、壮族、苗族、瑶族、侗族等少数民族29万人①，是少数民族融合的典范，各民族之间友好地交往交流交融，呈现出尊重、包容、和谐的局面。位于罗城龙岸镇龙凤村的金鸡屯，居住着6个民族10个姓氏的75户人家，村民讲11种语言，但是长期以来却亲如一家，彼此尊重，和睦共处。② 民族团结与融合为罗城的法治建设打下了良好的基础，推

---

① 罗城仫佬族自治县人民政府. 罗城概况［EB/OL］.（2019 – 11 – 01）. http：//www. luocheng. gov. cn/zjcjby. shtml.

② 周珂，王春楠. 广西：民族团结之花常开长盛［EB/OL］.（2018 – 03 – 16）. http：//www. gxzf. gov. cn/gxyw/20180316 – 683827. shtml.

动了罗城的法治创新，使罗城的法治建设后来居上。

民族团结是广西法治建设的一大优势。民族团结能促进民族地区的法治建设，而民族地区法治建设保护了少数民族的民主权利和管理本民族事务的权利，加快了民族地区经济社会发展，为全面建设和谐社会创造了良好的政策环境和法律环境。罗城这种依法处理好各民族内部成员之间的关系，从而促进各民族共同团结奋斗、繁荣发展的治理模式，值得推广至其他民族聚居区，从而促进民族地区的团结奋斗，我们每个人都必须自觉地成为民族团结与进步事业的建设者和推动者，有意识地加强有关民族地区的理论政策，法律和法规基础知识的掌握，并且认真履行工作职责，明辨是非，排除干扰，坚决打击破坏民族团结的行为，采取具体行动促进民族团结事业。

通过理论分析和研究可知，挖掘法治广西建设的后发优势，需要进一步加强对当地特色资源如民族习惯、民族情感伦理、环境崇尚理念的利用，加大对广西法治建设人才物的投入力度，积极表彰宣扬示范村县与先进人物，结合科学发展观与本土法律文化资源，加强科学立法与特色立法，完善和优化各级法治评估任务，学习借鉴周围省份的先进经验和方法，结合本地实际情况，积极创新法治工作，完善民族区域自治制度，巩固民族团结的稳定局面。总而言之，在拥有这些后发优势的前提下，必须立足于广西本地，结合实际情况，对这些后发优势好好利用，促进广西各个方面的飞跃发展。

第二节　法治广西建设后发劣势的应对

针对法治广西建设面临的几方面后发劣势，需要从以下方面协同发力，弥补自身的不足，增强法治建设的基础，改进工作作风和效能，以期顺利达到既定目标。

一、加大引才、留才、育才工作力度，扭转人才缺乏的局面

人才是根本，地方发展靠人才，法治建设需要人才，拥有一批高素质法律人才是进行法治建设与发展的基础，既要引进高端、先进、优秀的人才，也要稳固好本地原有的人才资源。

（1）重点引进稀缺人才和较熟悉西部民族地区情况的高素质人才。在经济、文化欠发达的广西，引进高端先进人才的难度明显高于东部地区，广西人才政策中关于科研经费、安家费、租房补贴等待遇在西部未必有明显优势。所以，广西在引进法治人才方面仍要加大政策优惠力度，提升吸引力。工作确定好重点，才容易实现突破。广西引进人才难度系数高，所以就要有所侧重，将目标放在本地籍或周边地区的高素质人才和广西比较急切需要的人才类型上。针对这类人才，从精神和物质两方面引人留人，还可以从其他方面给予便利，如人才落户、购房补贴、子女上学择校条件优先等，真正做到一条龙服务，让人才引进渠道通畅，使其能迅速融入环境。

广西现有的人才政策主要有《广西壮族自治区引进人才实行〈广西壮族自治区居住证〉制度暂行办法》《广西壮族自治区人民政府鼓励留学人员来广西工作的若干规定》和《广西壮族自治区人民政府关于加强我区博士后工作的意见》。以上办法能在一定程度上吸引人才，但是与其他地区的人才政策进行比较后可以发现，广西的博士、教授补贴政策不够显著。

吸引高素质的法律人才难，留住高素质的法律人才更难。目前，各省区市纷纷展开抢人才攻势。例如，重庆市从 2017 年开始实施"鸿雁计划"，西安实施人才安居政策。广西在这方面处

于劣势，因而在努力引进人才的同时，重心要放在留住人才和培育本土人才上。引进高素质人才的政策同样适用于本土的高素质人才，高校更要积极宣传广西的人才政策，努力将自己培养或委托培养的高层次人才留住。

（2）高校积极培育稀缺人才，政府鼓励公民接受法律教育。高校培育人才，需要全面展开，但是，面对广西人才短缺的情况，有必要着力培养和填补空缺。法治建设需要全面展开，稀缺人才似木桶短板，木桶效应阻碍广西法治建设。培育稀缺人才是一项大工程，不仅仅需要高校积极开设相关专业，更需要政府的资金和其他支持。首先，应列出稀缺人才方向，高校负责组织相关方向的教师开设课程。其次，自治区教育厅要提供资金支持，在教育经费中划拨部分经费支持培养稀缺人才。最后，政府通过宣传和颁布政策去鼓励民众参加各种学历形式的法律学习。

据了解，广西法律人才缺口依旧很大，集中体现在公检法和企业法务人员招聘上。2017 年广西公务员招聘中，很多岗位要求应聘者有法学专业背景。公开招考启事中要求法学专业，但单独的招聘启事中放宽条件到本科或大专学历，专业不限，进一步说明了法学专业人才的供不应求。法治建设以法律人才为基础，而当前法律人才的缺口较大，因此，填补人才空缺，壮大法律人才队伍，迫在眉睫。

二、加快推进经济、社会与文化发展，变不利条件为有利条件

建设法治广西的基础是在经济层面。经济发展能带动各方面的提升，包括法治建设。所以，我们要继续推进广西经济发展，紧扣社会主义市场经济的发展方向，摸索出一条适合广西经济发展的新路子，弥补自身劣势。

值得注意的是，随着中国特色社会主义进入新时代，以及

"一带一路"倡议的提出，民族地区逐步转变为改革开放的前沿阵地。在"一带一路"倡议下，广西已经成为我国"一带一路"南向通道的重要节点，迎来了难得的发展机遇。在此背景下，2016 年《中共广西壮族自治区第十一次代表大会报告》明确提出"基本建成面向东盟的国际大通道、西南中南地区开放发展新的战略支点、21 世纪海上丝绸之路与丝绸之路经济带有机衔接的重要门户"的奋斗目标。未来的广西，在经济发展和法治建设方面，必将不断释放强劲的后发优势。

广西北部湾经济区发展规划是根据"十一五"计划制定的大发展战略，发展规划期为 2006—2020 年，距离规划期的结束时间很紧，但北部湾发展成效尚不明显，有待进一步加强。紧抓西部陆海新通道建设机遇，发挥北部湾经济区"一带一路"重要门户作用，着力推进以大港口为重点的交通基础设施一体化建设。强化北部湾港三港域分工协作、协同发展，统筹港口规划建设运营和港航资源配置，防城港大宗商品集散枢纽港、北海铁山港综合航运港和国际邮轮码头建设。给予设备费用优惠支持，加快沿海区域协同发展，明确功能定位，优化空间布局，推动临海优势产业高质量发展。共同建设北部湾城市群，促进基础公共服务的共同建设和共享，打造设施互通，产业化的新整合格局。园区协同、服务共享、内外联动，深化经济区协调发展，围绕重点产业，促进传统产业转型升级，以龙头企业为抓手，聚焦产业链吸引投资，努力创建一些具有里程碑意义的项目以促进经济发展。

广西很多城市旅游资源较丰富，但宣传和开发力度不够。对于宣传方面，可以更多地借助新兴媒体进行。例如，重庆市投资几百万，通过抖音、微博等平台去宣传重庆的地方特色，大获成功，旅游收入大大增加。旅游资源的人性化开发，属于以人为本的旅游管理理论范畴，是旅游业成功的关键。广西旅游资源丰富，许多风景名胜区均取得了突出的经济效益和社会效益。各个景点需要在资源开发计划、设施分配、行业管理和人性化服务方面缩小差距。不以牺牲资源换取虚假繁荣旅游为代价，在制定旅游规划时，坚持旅游业可持续发展的原则。

开展扫黑除恶专项斗争，是以习近平同志为核心的党中央做出的重大决策部署，最高人民法院也对此做出了重要表态，最高人民法院院长周强在贯彻落实全国扫黑除恶专项斗争推进会精神专题会议，强调要发挥法院的审判职能，严厉打击黑社会势力等影响治安和社会稳定的不安定分子，促进全面小康社会的早日实现。

中央推出扫黑除恶专项治理后，广西各地区纷纷展开行动，在基层治理方面，可以从以下几点进行加强。

（1）将民间宗族转变为遵纪守法的自律体系，为社会主义建设做出贡献。在新时代背景下，各宗族多是爱国爱党感恩社会的团体，大多存在于经济相对落后的农村地区，不少人享受到国家的政策补贴和低保、扶贫等救助，对于国家、政府十分感激，具备转化为遵纪守法自律体系的基础。再者，宗族历史上长期处理农村纠纷问题，擅于治理农村事务，且在当地有一定的影响力，通过宗族调解等方式解决村内纠纷，大大减轻了当地法院的压力，维护了当地的稳定。此外，宗族内部有一套宗族规约，虽属于道德规范，但得到当地村民的集体遵守，是农村治理的有效工具。宗族内还通常非常注重团结，在一定程度上利于建设社会主义和谐社会。政府如对宗族多加指导、引导，它们在一定范围内可以转变成农村自律力量，为建设"法治、德治、自治"相结合的乡村治理体系做出积极贡献。

（2）加强人员流动登记，强化酒店入住登记管理。许多小型旅店基本上不需要身份证就可以入住，容易产生安全隐患。公安机关一是要加大对各类酒店的排查力度，监督各类酒店的实名住宿，并加强人员的流动登记；二是要加强对酒店业针对境外人员临时住宿登记的监督和指导，有效提高登记率、及时率和准确率，并适时向酒店管理人员讲解有关法律法规知识；三是要规范护照、通行证等外国证件的识别。

（3）扩大天网摄像头的覆盖面积，尽可能减少盲区。由于天网布置摄像头的成本较高，针对监控盲区，派出所既要兼顾居民集中地段、偏远的村庄社区及集市商业地段的治安管理工作，同时也可以通过鼓励小商店等个体工商户自行安装相关摄像头减轻经费压力，并争取企业支持，共同提升乡村治安技防水平。在交通路口和要道上，更应完善布置天网摄像头。

在社会发展方面，要努力提升居民的安定感、幸福感，加强社会保障和医疗保险的覆盖率。平安广西、和谐广西建设是社会发展的重要体现。广西各级政府不断创新管理机制，对试点医院和对公立医院进行综合改革并给予专项补贴，提高基层医疗机构的综合服务能力。支持建立覆盖城乡的社会保障体系，促进社会保险项目和扶贫工作。支持建立健全的社会福利和儿童保护制度，逐步实行对生活困难的老年人和残疾老年人的补助制度，规范财政和社会保障基金的使用，提高管理和使用效率，确保社会保障基金的安全性。认真落实中央和自治区各项人才队伍建设和促进就业创业政策，大力支持就业和创业。

广西作为民族自治区，拥有丰富的壮族传统文化。在发展文化方面，要突出民族特色与民族优势，依托壮乡文明积极举办各类文化活动，并积极申报世界非物质文化遗产项目，努力保留传统文化的精髓并提升传统文化的含金量。首先，通过各种媒体平台和新兴的网络自媒体平台等手段去宣传民族文化，通过宣传，将文化传播出去，吸引更多的人前来欣赏。其次，将文化发展为一个文化产业，开发旅游产品，对文化系统和文化经济加以重视，促进文化与经济的共同发展，以文化带动旅游经济，用经济推动文化传播。最后，用文化丰富居民的生活，提高生活指数和幸福感，使文化渗透入居民生活的方方面面。

三、推进行政管理、社会治理法治化和现代化，消除管理机制症结

武汉大学汪习根教授认为，"法治中国，是法治主体在法治信念与法治精神的指引下，以法治思维和法治方式制约着法治客体，实现全体人民平等的参与平等发展的权利，通过实现中国在全球的法治竞争力来实现国家的根本价值"①。法治广西亦需要如此。但当前，在西部部分地区的公务部门，人情执法、任性执法、有法不依、执法犯法的现象还存在，在民族地区情况更为凸显，行政管理、社会治理的现代化程度不高，甚至还停留在 20 年前的水平。因此，建设法治广西，需要政府在法治信念与法治精神的指引下，依照法定程序履行法定义务，推进行政管理、社会治理的法治化和现代化。

行政管理的法治化要求确立宪法和法律的权威，政府要依法行政，严格按照法律要求办事，尤其是在执法活动中，面临地方性法规、规章制度、行政法规与宪法的冲突，地方政府应坚持宪法第一的原则，根据宪法精神来解决纠纷，坚决摒弃有违宪法原则和精神的相关规定。在全国提倡依法治国的大背景下，建设法治广西，同样离不开政府的依法行政。依法行政也要求行政机关按照法律规定的程序去履行相关义务，在日常行为中真正做到于法有据，让民众信服。

行政机关要坚持依法行政，就需要健全行政主体的责任机制。首先，得厘清各部门的具体责任，推行责任清单制度，将责任划分到部门，再由部门具体细化并分配到个人身上，使责任具体化。然后，强化追责制度，对于违法行为要进行严肃的惩戒，从个人到机关都要进行追责，并追究行政首长等"一把手"的责任，促使"一把手"作为第一责任人高度重视所辖区

---

① 汪习根. 论法治中国的科学含义 [J]. 中国法学，2014 (2)：108.

域的法治问题，严格督促下属按法定程序办事，提高整体法治意识。

行政管理的现代化包括了体制、手段、文化三方面。首先，要在体制上进行改革，积极简政放权，"打通最后一公里"，把该管的事情管起来，将该放手的事情撒开手。其次，管理手段要实现现代化，积极引进现代科技，提高工作效率，使管理更为便捷有效。广西各级政府积极推出电子、线上审核服务等，政务中心的推行使公民办理相关事务变得简便，基本上实现了"一条龙"服务。最后，行政管理的现代化要求管理的思想观念能及时跟进社会的发展水平，积极为社会发展做出战略调整。

社会治理的现代化建立在法治化的基石上。社会治理是一项复杂的工程，欲达到治理现代化的目的，需要将社会治理规范化、条理化、多元化，充分体现共生性、交互性、自治性。社会治理需要借助多方主体，在民族地区更需要适当借助宗族、寨老、乡贤、社团、文化科研机构、新型社会组织等多股力量，实现多管齐下，综合治理。

四、在农村和民族聚居区加大法治宣传和法律实施力度，减少法治盲点

农村和民族聚居区地理位置一般比较封闭、经济发展较为落后，容易成为法治的盲区。建设法治广西，需要加强偏远地区的法律宣传力度。在农村和民族聚居区加大法治宣传主要通过以下几种方式进行。

（1）加强校园宣传法律知识。法治宣传要从教育抓起，通过进入农村和民族聚居区的中小学宣传法律，教育学生要学法知法懂法，运用法律武器保护自己的合法权益。另外，一些家长相信学校的教育，会耐心听孩子的宣传。在处理纠纷时，高年级学生有了法律意识也会对长辈等提出走法律途径解决的建议。针对校

园宣传，可以开展法治课堂、普法进校园、法律演讲比赛、青少年法治夏令营活动等形式，加强青少年法制教育。

（2）积极开展法治进村屯活动。一是鼓励派出法庭进入村屯解决民事纠纷。通过群众现场旁听开庭的方式为民众们开展精彩的法治课堂，增加司法的公信力。二是司法所、派出所、镇政府联合村委对民众进行普法宣传。司法所是司法局的派出机构，派出所是公安局的派出机构，两者都是基层组织中最靠近人民群众的，由他们来进行日常的普法和法制宣传是最为便捷的。司法所可以通过日常的调解活动等为民众进行法律宣传，教育民众通过正确的法律途径解决纠纷，捍卫自己的合法权利。村民日常纠纷基本上是诉诸于派出所，推行驻村警察制度，将公安的法治责任细化到个人，也使驻村警察的法律宣传成为人们接受法律知识最佳的窗口，进一步推动当地法治建设。三是定期组织普法宣传活动，通过海报的张贴或者涂刷宣传法律知识，观看"今日说法"等普法栏目剧，开展普法大讲堂，提供现场咨询，印发普法小案例等，增加人们对法律知识的兴趣。

（3）律师普法也是法治宣传的重要途径。可以聘请律师到村委会开讲座进行法治宣传或者通过提供法律援助对当事人及其亲友进行法治宣传教育。目前农村山林纠纷较多，村民都会聘请律师为其进行辩护，律师如果能普及村民相关的法律知识，一定程度上可以避免很多问题的出现。

（4）通过民谣进行法律宣传。将法律知识汇编为民谣歌曲，借助口口相传的力量推动法律的进一步传播。利用民谣创新普法宣传方式，编排歌舞将土地承包、环境保护、安全生产、婚姻计生等法律法规内容融入其中；并利用民族节日、婚姻嫁娶、走亲聚会等场合，用酒歌、民歌对唱等形式宣传；积极举办苗歌苗舞普法师资培训班，利用赶集日、民族节日等重要节点，开展法治文艺演出。

五、在全社会尤其是公务人员中，努力强化法治思维、作风

法治思想理念是法治广西的重要组成部分，全社会尤其是公务人员能否用法治思维处理日常事务，是检验法治建设成果的标准之一。由于公务人员在其中起主体、主导作用，此处重点讨论如何强化、优化公务人员的法治思维、作风。

首先，公务人员的法治思维建设需要从入口抓起。在公务人员公开招考中，加大法治思维的考核比重，确保新入职的公务人员具有较强的法治思维。同时对原有的公务人员选录制度进行完善，杜绝裙带关系现象，对于任人唯亲等行为，确立惩戒追责机制。通过对入口的把关，对责任的追究，保证公务人员队伍的质量。

其次，在公务人员中树立对法律的信仰、对宪法的崇敬。在日常事务中，要强调按法律规定的程序进行办事，一切以法律为依据，在公务人员中树立"法无授权即禁止"的思想，尽可能降低公务人员在处理事务中侵犯公民权利事件发生的概率，牢固树立宪法和法律权威。通过上级部门、领导对学习法律的重视，促进公务人员的法治思想的加强。

最后，健全对公务人员法律行为的监督和激励机制。鼓励公众对于公务人员的违法行为进行合法举报、投诉，甚至进行奖励，并采取保密措施对举报人的信息进行保护。让权力在阳光下运行，增强人民对政府的信任度。

六、建立法治工作信息共享、联动机制

建立法治工作信息共享、联动机制是未来法治发展的大趋势，也是法治建设前进的重要特征。

首先，加强广西与东部地区的交流与学习，学习东部地区的

先进经验,在这方面,东部地区发展时间较长,理论、实践更为成熟。同时,与东部地区建立信息共享、联动平台。

其次,建立公检法共享信息平台和联动机制。2018年广西壮族自治区法制办公室与自治区高级人民法院、自治区人民检察院建立联动机制,以加强行政机关与法、检之间的沟通交流,使政府、法院、检察院实现信息的共享,共同推进广西的法治建设。联动机制中确立了联席会议制度,建立信息共享机制,建立学习研讨和工作交流机制,建立多元化解决行政争议长效机制,建立联合宣传工作机制。这些机制的搭建都促进了公检法之间的协作与交流,加速信息共享与联合行动。

虽然公检法之间有交流活动或者共同行动,但是目前广西公检法之间并没有做到信息的完全共享,导致有些工作机械地重复进行着。例如,某些县市检察院将卷宗扫描进行电子化,而法院仍在使用纸质卷宗,后来两院才达成共享的一致意见。尽管案件的扫描件已共享,在其他许多方面两院的信息并未搭建共享平台。由于公检法是互相独立的,公检法之间没有信息共享的法律义务,信息共享积极性不高,所以,建立更大范围的法治工作信息共享、联动机制需要提上议程。

法治工作信息共享也体现在司法、执法部门与公众之间的信息共享。2018年,广西检察机关在原有的综合检务服务中心功能基础上升级建设12309检察服务中心,为人民群众提供一站式检察服务。12309检察服务中心包括实体大厅和网络平台两个部分。实体大厅设置业务咨询、控告申诉、国家赔偿和国家司法救助、案件管理、代表委员联络、警务保障以及网络服务工作区等七类工作区域。网络平台拥有检察服务、案件信息公开、接受监督等三大模块13项具体功能,涵盖门户网站、服务热线、移动客户端、微信公众号等多种诉求表达渠道,基本实现"网上网下即时受理，线上线下一体处理"，全方位为群众提供更好的检察服务。① 这是一个很好的努力，有待在全区推广。

总之，针对法治广西建设的后发劣势，应加大力度发展人才队伍，积极培育稀缺人才和高素质人才，借助国家政策和机遇将不利条件转变为有利条件，促进经济社会和文化发展，推进行政管理和社会治理的现代化与法治化相融合，消除管理机制的症结，加强农村和民族聚居区的法治宣传进村进校园，运用多种灵活的形式普法，强化公务人员的法治思维，建立法治工作的信息共享和联络机制。

要加快发展广西，探索符合时代要求的现实道路。在党的十九大全面推进依法治国和治理现代化背景下，更需深入思考法治广西建设的后发优势挖掘和劣势应对，研究法治广西建设的具体路径。要抓住法治建设发展时机，客观地了解我区的基本情况，分析后发者的潜在优势和潜在的后发劣势，充分发挥后发优势，抓住机遇，克服和弱化劣势，及时创新，走新时代的深化改革之路，促进经济、社会持续快速健康发展，不断提高广西壮族自治区的整体竞争优势，逐步实现对发达地区的赶上或超越。

---

① 自治区检察院 12309 检查服务中心揭牌 [EB/OL]. (2018 – 09 – 30). https：//mp. weixin. qq. com/s/ceut1ZHuHHsZ6nJcKeR2yA.

第七章 广西部分地方法治建设中后发资源的利用经验分析

第一节　凭祥市：清障通关，边贸地区法治新样板

○凭祥市概况

凭祥市位于广西壮族自治区南部，与越南谅山接壤，素有"祖国南大门"之称，是中国最靠近东盟国家的国际化城市。该市有97公里的边境线，下辖4个镇38个村（社区），人口约20万人，有壮族、汉族、瑶族、苗族、京族、回族、侗族、水族、傣族、畲族、布依族、蒙古族等24个民族，少数民族人口占总人口的比例达85.63%，其中壮族人口占总人口的比例达84.7%，是壮族为主体、多民族杂居的少数民族聚居区。①

○凭祥市法治成就

在法治建设上，凭祥市是我国第一批"全国法治县（市、区）创建活动先进单位"（2010年）、第四批"全国法治县（市、区）创建活动先进单位"（2018年），"全国民主法治示范村"（友谊镇平而村，2012年），凭祥司法所被司法部授予"全国模范司法所"荣誉称号（2015年），原凭祥司法所所长张丹枫也被司法部授予"全国模范人民调解员"称号。

○凭祥市其他成就

凭祥市先后荣获"中国优秀旅游城市""全国科普示范市""2005—2008年全国平安建设先进市""全国平安畅通县（市、区）""2010年中国最具海外影响力县（市、区）""广西县域经济发展十佳县（市、区）""广西科学发展进步县（市、区）""自治区文明城市""自治区卫生城市"等称号，连续五年荣获

---

①　凭祥市人民政府.凭祥简介［EB/OL］.（2019－09－10）.http：//www.pm-szf.qov.cn/jjpx.

"广西平安建设先进市",连续 3 年荣获"广西无邪教达标市"等称号。①

凭祥市在维护地方稳定和建设法治政府中,开辟出一条具有地方特色的法治发展道路,具体主要体现在以下几个方面。

一、创新"一带一路"司法服务,建立多元化纠纷解决机制

2002 年,国务院批准凭祥市为广西壮族自治区直辖市。2003 年 1 月,国务院决定由崇左市代管凭祥市。

为了提高诉讼效率,凭祥市人民法院建立了速裁机制,即在小额民商事诉讼案件中,法院将通过案件分流以缩短诉讼周期。同时,在案件执行阶段,引入网络拍卖形式,有效地解决了财产执行难的问题。为了方便群众,凭祥市人民法院派出巡回法庭到偏远山村、边民互市等地区进行法律服务,不仅及时化解了矛盾,也加强了群众的法治意识。值得一提的是,为了实现多层次小区域司法资源的合理配置,凭祥市创建了多元化的纠纷解决机制,全国首个县级仲裁协会即在此产生。

凭祥市与越南接壤,边境线较长,跨国民间纠纷经常发生。为此,凭祥市法学会和司法行政部门专门组织法律专家,对边境线上产生的纠纷进行法律援助,实现"一车一站一庭审"的服务模式,同时也建立了跨国民间纠纷调解机构,极大维护了边境的稳定。②

为了打造边境法律服务体系,凭祥市建设了市、县、乡、村四级公共法律服务平台,全面落实"一村(社区)一法律顾问"制度,选派律师、法律工作者和法学专家担任每一个中心、工作

---

① 凭祥市第十四届人民代表大会. 凭祥市政府工作报告 [R]. 2011 – 02 – 19.
② 费文彬. "国门卫士"护边民促边贸 [N]. 人民法院报,2017 – 11 – 08 (4).

站、工作室的法律顾问，实现联动全覆盖的司法互动机制。①

二、全面推行普法教育，引导边境贸易有序进行

为贯彻落实依法治国方略，凭祥市深入开展法治宣传教育，把法治宣传教育与法治实践相结合，扎实推进法治建设。凭祥市是一个多民族地区，一些偏远民族地区群众的法律意识淡薄，其宗族意识较为强烈，纠纷的解决往往以民族习惯为依据，这容易产生违法行为。为了促使少数民族群众守法用法，凭祥市根据本地的实际情况，开创了具有民族特色的法治宣传教育。具言之，在少数民族聚居地区，以本地风俗"三月三"歌圩节等活动为依托，通过壮族歌谣的形式将法治知识和理念传播出去。

凭祥市是一个边境城市，其与越南接壤，外来人员较多。针对此情况，凭祥市探索出一条对外法治宣传教育的道路。具体言之，第一，通过积极向非法入境人员普及法律知识，提供涉外律师服务，增强这些人员的法制观念，让其自觉维护我国的法律秩序。第二，通过构建"一带一路"的涉外法律体系，努力形成全方位、多领域、宽渠道的对外法治宣传工作格局。② 第三，总结对外法治宣传工作经验，深入研究国外受众的法律需求和心理特点，在对外交往中集中展现法治成就、树立法治形象、传播法治理念、增进国际友谊。第四，努力探索新形势下对外法治宣传工作的特点和规律，增强对外法治宣传的实际成效。

与此同时，凭祥市也在市内定期开展法治宣传教育，鼓励法官、律师等人员到基层进行普法教育。为此，凭祥市还建立了普法宣传机构，使普法活动规范化。为了提高政府工作人员的法治

---

① 广西崇左市法学会. 打造四级公共法律服务体系让边疆群众共享法治建设成果 ［EB/OL］. （2018－05－03）［2018－10－23］. https：//www. chinalaw. org. cn/Column/Column_View. aspx？ ColumnID＝1156&InfoID＝27508.

② 中共凭祥市委宣传部，凭祥市司法局. 关于在公民中开展法治宣传教育的第七个五年规划（2016—2020 年）［R］. 2017－11－04.

意识，凭祥市落实了"谁执法谁普法"的责任制，让政府工作人员不断提高运用法律解决问题的能力。此外，凭祥市还创建"互联网＋法治宣传"的模式，积极发挥舆论媒体的引导作用，营造边疆安宁有序的舆论氛围。同时，凭祥市还建设法治广场，正面宣传法治典型案件，提高群众对法治的信任，构建起全民共建、共治、共享的社会治理格局。在宣传法治的同时，凭祥市亦注重传统美德的弘扬，使守法重德成为公民行为的基本准则。

三、积极开展反恐维稳、扫黑除恶行动

随着经济的快速发展，凭祥市人口数量增多，加之地处多民族地区，各民族间存在语言、风俗习惯等差异，这使维稳工作开展难度较大。为此，凭祥市从本地实际情况出发，创新了群防群治的工作载体，整合系统平台资源，提升边境防控信息化水平。此外，针对村中黑恶势力问题，实现了扫黑除恶的法治化、精细化、信息化。具体而言，通过联网电子监控、物流排查、危险爆炸物品管控，精确打击了黑恶势力，建立了人民的安全防护机制。

在此值得一提的是，凭祥市作为沿边最大的红木贸易市场和旅游城市，还重点加大对入境外来人口进行排查，在重要边贸市场加大人员管控，对恐怖活动和犯罪行为予以坚决打击。同时，对毒品、违禁物品实行严格管控，避免毒品和违禁物品流入我国境内。

四、简政限权，加强法治政府建设

进入新时代以后，凭祥市着力加强政府的法治建设，采取了以下措施：第一，完善行政机关内部重大决策合法性的审查机制、重大决策终身责任追究机制，引导和督促各级领导干部把依法行政的要求落到实处；第二，推行政府法律顾问制度，对于少数民族聚居区的法律问题，邀请了解本民族事务的少数民族成员

参与；第三，简化边贸交易的审批程序，减少权力寻租现象；第四，推行行政负责人诉讼出庭制度①，增强群众对政府的信任；第五，强化权力制约和监督，实行行政决策公开化、行政执法透明化，对违法违纪行为零容忍，鼓励群众举报监督，同时也建立起相应的机制避免举报群众被打击报复。

凭祥市既是一个少数民族聚居区，亦是一个边境城市，其中存在多种复杂的利益。然而，其却能结合自己的实际情况，开创出一条具有民族特色、边境特色的法治建设道路。这无疑为广西的法治建设提供了一种范式，同时也为其他省份具有相似情况地区的法治建设提供了一种参考。总体而言，凭祥市的法治建设凸显了民族地区在法治建设中的后发优势。

第二节　都安瑶族自治县：先进示范，带出一流法治队伍

〇都安瑶族自治县概况

都安瑶族自治县隶属于广西河池市，是西南地区典型的少数民族自治县，人口组成以壮族、瑶族为主，同时还有苗族、毛南族、仫佬族、回族、水族等少数民族。

〇都安瑶族自治县法治成就

第四届"全国民主法治示范村"（地苏乡大定村，2010 年）

第五届"全国民主法治示范村"（高岭镇定福村，2012 年）

第六届"全国民主法治示范村"（下坳镇加文村，2015 年）

---

① 据不完全统计，仅在 2017 年行政诉讼的七件案子里，单位主要负责人出庭高达六起。广西壮族自治区法制办．凭祥市法制办公室先进事迹［R/OL］．（2018 - 10 - 30）［2018 - 11 - 23］．http：//www. gx - law. gov. cn/gg/48580. jhtml.

第七届"全国民主法治示范村"(下坳镇坝牙村,2018年)

〇都安瑶族自治县普法工作

"六五"普法期间,都安瑶族自治县被评为全自治区"六五"普法中期工作先进县,1人荣获全国先进个人,2人荣获全区先进个人,14人荣获全市先进个人,1个单位荣获全区先进单位,6个单位被评为全市先进单位。

〇都安瑶族自治县人民法院成就

截至2017年7月,该院已有17个集体、18位个人受到表彰,其中省级奖项7项、市级奖项20项。

都安瑶族自治县人民法院出品的微电影《六心法官》获得亚洲微电影"金海棠"优秀作品奖;司法宣传工作被最高人民法院通报表扬;执行局被自治区高级人民法院评为全区"百日清案"先进集体;1位书记员获评全自治区法院优秀书记员。

2017年5月,都安瑶族自治县人民法院团支部被广西壮族自治区委共青团评为"2016年度广西五四红旗团支部(总支)"。

2017年2月,在河池市法院工作会议上,都安瑶族自治县人民法院囊括11项大奖。其中,综合绩效考评、落实党风廉政建设责任制、信息工作、安保和法警工作、少年审判、阳光司法6项工作获得一等奖。

〇个人成就

卢汉票于1995年被评为自治区法院系统"十佳庭长",1996年被评为全国法院系统模范,1997年被评为自治区政法系统"十佳干警",1998年被区高院评为全区先进人民法庭工作者,2016年入围"中国好人榜"候选名单。

岑光远于2010年荣获全自治区"五五"普法先进工作者称号,2014年获评全自治区"六五"普法中期先进个人,2016年5月获评"2011—2015年全国法治宣传教育先进个人"。

都安瑶族自治县地处大石山区,号称"石山王国",以农业和工业为主要产业,经济发展相对落后,是国家级贫困县。以往在全国的法治建设中，都安瑶族自治县处于靠后位置。然而，近年来，都安瑶族自治县逐步重视法治建设，其在学习先进经验的基础上，充分结合自身的实际情况，在党政领导建设、政法干部队伍建设、智慧法院建设、基层治理和法律扶贫等方面成果显著，由此凸显其法治建设的后发优势。

一、党政主抓，协同打造都安法治资源响亮名片

党政机关是基层法治建设的领导核心。在都安瑶族自治县，党政机关在凸显法治建设后发优势中发挥了重要的作用。一般来说，法治建设水平与地区经济发展水平之间存在正相关关系①，亦即经济越发达的地区，社会整体法治意识往往越高，在此之下，社会对党政机关依法治理的要求会更高，这自然会促使党政机关提升依法治理水平。但是，对于经济不发达的地区来说，唯有通过自上而下的政治推动，才可以弥补其在法治建设中的劣势。

都安瑶族自治县党政机关发挥了重要作用。具体来说，为全面推进依法治县，都安瑶族自治县党委在 2017 年通过《全面推进都安法治建设的若干问题的意见》，为县内法治建设提供了指引。该意见要求公、检、法、司等部门应当与政法机关协同推进法治建设，在此基础上有机结合形成法治保障。在涉嫌犯罪的重特大安全生产事故、严重刑事犯罪和经济犯罪、重大群体性事件中，应注重政法工作的参与。同时，应正确界定政法机关参与都安瑶族自治县法治建设的工作定位，形成以政法建议、法制宣传教育协同参与案件办理的综合治理形式。

---

① 王敬波. 我国法治政府建设地区差异的定量分析 [J]. 法学研究，2017 (05)：35－52.

二、模范引领，政法队伍工作质效显著提高

政法人才是基层法治建设的主要力量，其自身素养与工作态度将直接影响法治建设的进程。都安瑶族自治县由于经济落后、交通不便，因而难以吸引高素质的政法人才。人才紧缺的境况使都安瑶族自治县在法治建设中处于落后的境地。为了扭转这一局面，都安瑶族自治县高度重视政法人才队伍的建设，不遗余力地充分挖掘、培养扎根瑶乡、熟悉本地乡情的政法人才，并将这些人才树为典型，以发挥其模范引领的作用。例如，都安瑶族自治县以原下坳法庭卢汉票庭长 24 年坚守在艰苦地区，退休 16 年仍义务为群众提供法律咨询的事迹为典型，提炼出敢为人先、敢于作为、敢于担当、敢于拼搏的"卢汉票精神"，总结出以公心树权威、以热心建感情、以诚心解民忧、以婆心释法理、以慧心促审判、以爱心构和谐的"六心"工作法，将其在政法干警中大力推广，最终锻造出了一支政治过硬、业务过硬、责任过硬、纪律过硬、作风过硬的政法队伍，形成了部门争优、干警争先的良好氛围。与此同时，县法院以"卢汉票精神"为指引，扎实开展"百日清案"工作，审判质效不断提高，结案率、调解率、撤诉率等各项审判指标较过去有了质的飞跃。其中 2016 年与 2017 年结案率均超过 96%，绩效考评从过去的全市倒数第一一举跃居前列，成功实现"弯道超车"。法院形象与司法公信力在此过程中也逐步得到群众的认可。

三、改革创新，落实司法改革，建设智慧法院

在全国全面落实深化改革的背景下，都安瑶族自治县人民法院推进司法改革。不仅组建诉讼服务中心、民商事审判中心、刑事审判中心、行政审判中心、巡回法庭审判中心、审判业务管理

中心、执行中心、速裁中心等八个新型审判团队，而且还开创式地设立河池市首个家事少年法庭，集中审理家庭暴力与未成年人权益保护的案件。① 家事少年法庭还成为全区模范。

以上的各项改革，确保了员额法官的合理分配，使他们能高效开展工作。例如，上述改革中的速裁中心，就是都安瑶族自治县人民法院根据本地实际情况在充分研究论证后成立的。该中心适用简易程序快速审理案情简单、事实清楚、证据确凿的案件，这不仅提高了审判效率，也减轻了群众诉累以及法官负担。②

与此同时，都安瑶族自治县人民法院以互联网平台为依托，公开直播庭审情况。从最高人民法院发布的《关于全国法院依托中国庭审公开网开展庭审直播工作情况的通报》来看，都安瑶族自治县人民法院于 2019 年 4 月 25 日开庭审理的一起传销案在中国庭审公开网进行庭审直播，观看量为 4059 万人次，排名全国基层法院第二。为此，广西壮族自治区高级人民法院批示全自治区法院向都安瑶族自治县人民法院学习。

都安瑶族自治县地处偏远，全县信息化起步较晚。为了山区群众能及时参与诉讼，都安瑶族自治县人民法院大力推进信息化建设，并于 2017 年被确定为自治区"互联网＋智慧法院"改革试点单位和诉讼服务网试点建设法院。目前，智慧法院建设已覆盖各中心，当事人可以直接通过诉讼服务中心实现网上缴退诉讼费。

此外，都安瑶族自治县还创新建立了"一联二网三草根"的多元化纠纷处理模式。所谓"一联"，即司法、民政、人社与各律师事务所共同签订《多元化解纠纷合作协议》，形成联动格局，通力合作化解社会矛盾纠纷；"二网"即在"互联网＋"、智慧法院试点建设的基础之上，建设多元化解纠纷的信息网络平台以及

---

① 都安法院：典型引领司法为民，绩效考评从全市末位跃居首位 ［EB/OL］.（2017 – 04 – 17）［2018 – 10 – 23］. http：//www. sohu. com/a/134606209_679838.

② 红日，覃毛. 旸谷跃升——都安瑶族自治县人民法院 2017 年纪实 ［EB/OL］.（2018 – 05 – 29）［2018 – 10 – 23］. http：//www. ddgx. cn/html/2018/0523/21946. html.

在未设法庭的乡镇开展诉讼服务试点改革，由本乡镇司法所工作人员引导当事人在司法所进行网上立案，建立起覆盖都安全部乡镇的诉讼服务网络；"三草根"指在社区、村屯设立法官联系点，引入当地德高望重的人士作为第三方力量参与化解纠纷，同时在法院及各人民法庭设立"卢汉票工作室"，推动矛盾纠纷化解。这种处理模式在实现法院工作智能化的同时，也有效减轻了群众诉累。

四、基层治理，扎牢筑实社会和谐稳定的法治保障网

基层治理的法治化程度是衡量一个地区法治建设水平的重要指标。都安瑶族自治县作为民族自治地区，基层情况较为复杂，基层治理难度较高，基层治理法治化起步较晚，基层治理法治化程度亟待提高。问题倒逼改革和创新，为了弥补基层治理短板，转劣势为优势，都安瑶族自治县在研判本地实际、借鉴先进地区经验的基础上，创新社会治安管理体系，推出"一村一警"社会治安防控体系建设，全面覆盖全县 248 个行政村和二个扶贫移民区①，从基层工作抓起，夯实农村治安防控根基。通过硬性要求规范民警驻村时间、工作日志以及考评考核等各项内容，确保基层治安防控工作的有效开展。

都安瑶族自治县所大力推行的"一村一警"社会治安防控体系建设，目的在于提升都安人民的获得感和增加都安人民对政府的信任感。社会公众更多是基于自己的个人体验对当地法治建设水平做出判断，公众更关心的是，当地法治建设水平的提升可以给自己的日常学习、工作以及生活带来实质性的收益，因此相比于形式上的法治建设，公众更关注的是实质上的法治建设。都安瑶族自治县的这一举措，可以让都安人民近距离体验都安构建的

---

① 韦婕. 都安瑶族自治县公安机关社会治安防控体系建设纪实 [N]. 河池日报，2013 - 01 - 07.

维护社会和谐稳定的法治保障网所带来的实益，从而自发地维护、巩固已取得的成果。凭借这一举措，都安瑶族自治县在农村人口管理、治安防控、服务群众三大领域均取得突出成绩，领先于广西壮族自治区内其他同级单位，得到了自治区领导的肯定。

此外，都安瑶族自治县人民法院也充分考虑到山区群众因交通不便而产生的诉讼困难问题，于 2016 年开创首个"山区巡回审判模式＋信息化应用"的智慧流动科技法庭，借用便携式法庭设备，深入偏远地区以及因行动不便等原因无法出庭的当事人家中就地化解纠纷①，这有效缓解了偏远民族地区基层群众的诉累。同时，在紧跟全国法院系统大力推行调解结案趋势的基础上，都安瑶族自治县人民法院牵住化解人民矛盾的牛鼻子，整合人才资源，将律师、人民调解组织的专家和干部吸纳为调解员，成立集组织协调、化解纠纷、分析研判、督查指导等功能于一体，指挥型与实践型相结合的人民调解中心，采取远程视频调解、集中调解以及流动调解等方式进行调解工作，及时、有效地解决各种矛盾纠纷。在此值得一提的是，都安瑶族自治县人民法院还聘任卢汉票为特别调解员，在全县各人民法庭成立"卢汉票工作室"，推广其"六心"调解工作法，这使纠纷化解成效明显。

五、普法宣传，助力全民守法新风貌

地方法治的核心在于全民守法。都安瑶族自治县地处大山深处，经济发展水平较低，人民群众法治意识不高、法律观念较为薄弱。针对这一问题，都安瑶族自治县大力进行普法宣传，提高人民群众的法律素养，营造全民守法的社会氛围。

首先，充分发挥党政干部的先锋模范作用。都安瑶族自治县通过定期举办领导干部法治专题学习培训班，大力宣传先进典

---

① 罗宗明. 广西都安：让瑶山深处群众感受法治阳光［N/OL］.（2017 – 08 – 29）［2018 – 10 – 23］. http：//fj. mzyfz. com/detail. asp？ cid = 885&dfid = 20&id = 366168.

型，加强县直各单位负责人以及各乡镇分管法制工作领导干部的法治思维，提升干部依法行政的能力。

其次，开展全民普法工作。都安瑶族自治县在贯彻落实中央"六五"普法决议的基础上，提出了五个100%法治宣传工作方针①，健全"谁执法谁普法"责任制，着重关注未成年人及贫困地区普法教育，充分利用法制教育网络平台，完善法治教育宣讲方式。此外，都安瑶族自治县还定期举办公众开放日，充分利用法制教育基地，在学校开辟法治教育第二课堂，在课堂中，除了定期组织青少年观看普法影片以外，还会组织他们现场旁听庭审，零距离感受法院的日常工作。较之于传统普法方式而言，该种方式更有助于青少年深刻感受法律的威严，不仅达到普及法律的效果，而且在间接上亦提高了司法公信力。

最后，考虑到贫困偏远村落的实际情况，都安瑶族自治县创设"一村一法律顾问"制度，以确保贫困村落的普法工作得以顺利开展。目前该制度已全面覆盖县内248个贫困村。

同时，都安瑶族自治县通过组织摩托"轻骑队"，定期深入各乡镇开展法治宣讲，在山区将法治宣传常态化。② 此种方式取得了良好的效果，为此，河池市司法局根据都安瑶族自治县的先进经验，专门下发《关于组织法治宣传"轻骑队"深入开展"法律六进"活动的通知》，力求将这种创新方式推广到其他县区。

六、法律扶贫，为法治建设奠定根基

都安瑶族自治县经济发展较为落后，是国家扶贫的重点对

---

① 都安："五个100%"强力推进法治宣传工作［EB/OL］. (2017 - 04 - 05)［2018 - 10 - 23］. http：//www. gxpf. gov. cn/news_show. asp? id =59902.

② 王淑静. 十年磨剑 专心普法——记全国法治宣传教育先进个人岑光远［EB/OL］. (2016 - 09 - 23)［2018 - 10 - 23］. http：//www. chinapeace. gov. cn/zix-un/2016 - 09/23/content_11369109. html.

象。针对本地的实际情况，都安瑶族自治县通过立法扶贫和司法扶贫等方式，为国家扶贫助力。2018 年 7 月 6 日，"都安瑶族自治县扶贫立法论证会"在广西南宁举办，本次论证会是我国民族自治地方首次对基层扶贫进行地方立法论证，与会专家就都安瑶族自治县扶贫立法的必要性、紧迫性、可行性以及立法依据、出台时机、社会效果等进行了讨论，提出了相应的立法意见。此次会议为都安的立法扶贫和司法扶贫提供了智力支持。① 此外，都安瑶族自治县人民法院还为涉贫诉讼人员开辟绿色通道、对涉贫案件实行诉讼费的"减缓免"，以降低贫困诉讼人员的诉讼成本。同时，都安瑶族自治县人民法院充分发挥审判职能，最大化维护贫困当事人的合法权益。

虽然都安瑶族自治县以往在全国的法治建设中，处于落后位置，但其将落后位置视为发展机遇，大力学习法治发达地区的先进经验。在此基础上，都安瑶族自治县准确把握本地区的实际情况，创新建立了具有都安特色的法治建设模式，一举将劣势扭转为优势，成为全区法治建设的先进示范县。

第三节　罗城仫佬族自治县：用足特色文化，法治后来居上

○概况

罗城仫佬族自治县是全国唯一的仫佬族自治县，下辖 7 个镇，4 个乡，141 个村（社区）。2017 年末全县总人口约 38.7 万人，其中少数民族人口 29.08 万人，占总人口的 75% 以上，其中仫佬族人

---

① 覃华，彭远贺. 广西都安开展扶贫立法论证 [EB/OL]. 人民网，(2018 - 07 - 06) [2018 - 10 - 23]. http://gx.people.com.cn/n2/2018/0706/c179430 - 31787171. html.

口约 12.5 万人，占总人口的 32% 以上。罗城仫佬族自治县少数民族有 11 个，包括仫佬族、壮族、瑶族、苗族、侗族等。①

○法治成就

在法治建设上，罗城仫佬族自治县获得了第二批"全国法治县（市、区）创建活动先进单位"称号。罗城仫佬族自治县的小长安镇立新村和宝坛乡四堡村分别获得第三批和第七批的"全国民主法治示范村（社区）"称号。罗城仫佬族自治县人民检察院获得了"全国先进基层检察院""全国检察文化建设示范院""全国文明接待室""全国一级规范化检察室"等八项全国性先进称号，荣立全国检察系统集体一等功。

2016 年，罗城仫佬族自治县公安局荣获"全国公安机关执法示范单位""全国优秀公安局""全区创建和谐模范稳定区工作先进集体"称号。罗城司法局先后荣获"全国维护妇女儿童权益先进单位"等称号。

除此之外，罗城仫佬族自治县先后荣获全国文化先进县、全国计划生育优质服务先进单位、自治区卫生县城等 100 多项市级以上荣誉。

作为一个少数民族自治县，罗城仫佬族自治县在法治建设上后发优势明显。在罗城，我们可以总结出一些先进的经验，这可以给全自治区甚至全国树立学习的典范。

一、本土资源用到位，普法教育深拓展

罗城仫佬族自治县有着丰富的乡土文化资源，该县能充分利用此方面的资源，将其与普法教育结合起来。2019 年 2 月 12 日（农历正月初八），罗城仫佬族自治县四把镇举行了"罗城山歌唱普法、法律走进千万家"的法治山歌文艺演出。演出中的所有节

---

① 罗城仫佬族自治县人民政府. 罗城概况［EB/OL］.（2019 - 11 - 01）. http：//www. luocheng. gov. cn/zjcity. shtml.

目，都是罗城仫佬族自治县和来自宜州区的 12 名歌王自己创作的。四把镇的 50 多名群众演员也参加了演出。演出节目在内容上包含了法律援助、人民调解和社区矫正等知识，这让百姓在轻松自由的气氛中接受了法治文化的宣传教育。2018 年 7 月 2 日上午，罗城仫佬族自治县司法局联合县供电局在东门镇开展以"法纪在心，山歌为媒；法规在行，铜鼓为警"为主题的普法山歌宣传活动。罗城仫佬族自治县供电局和当地 30 多名群众歌手把电力法律法规知识编成山歌进行对唱，使法律法规变成通俗易懂的歌词。在现场，司法局工作人员还对群众提出的法律问题予以耐心解答，同时发放宣传资料、法治书籍等，向群众宣传宪法以及脱贫攻坚的有关政策。这些以山歌为媒介的法治宣传活动，深受百姓喜爱，其能有效加强百姓的法治意识，让遵法、守法、尚法的观念更加深入人心。

二、检察队伍创先进，民族精神促法治

罗城仫佬族自治县虽然地处九万大山之中，但有着一支特别能战斗的检察队伍。罗城仫佬族自治县检察院先后八次获得全国殊荣，20 多次获得省级荣誉称号，并在 2012 年、2013 年广西基层检察院绩效考评中连续两年荣膺第一名。这些荣誉一定程度上来自于仫佬族民族文化。

"依饭文化"是仫佬族流传了千百年的民族习俗，是仫佬族人感恩还愿、庆祝丰收、驱灾祈福的隆重节日。"自强不息"与"尚德崇文"是这个民族的精神。罗城仫佬族自治县人民检察院 60% 以上的仫佬族干警对"依饭文化"精神表示认同。在此背景下，该院把"依饭文化"作为"罗检品牌"打造，即把仫佬族文化中"尚德崇文、明法谦和、求实创新、感恩图强"提炼为"罗检精神"，把"敬民、崇检、争先、尚廉"确定为该院院训。近年来，罗城仫佬族自治县人民检察院在检察队伍建设中，充分弘

扬"罗检精神",用"尚德崇文"来培养和提高检察人员的综合能力,用"明法谦和"来使检群关系更加融洽,用"求实创新"来提升检察办案的技能与效率,用"感恩图强"来激励鼓舞检察人员在工作中砥砺前行,不忘初心。① 在这种文化长期的熏陶和浸染之下,罗城仫佬族自治县检察队伍得以迅速成长,成为了一支"思想好、作风硬、纪律严、业务精"的团队,并先后获得集体一等功、全国先进基层检察院、全国检察文化建设示范院、全国文明接待室、全国一级规范化检察室、全国严肃查办危害民生民利渎职侵权犯罪专项工作先进集体、全区文明单位、全区政法系统百家人民满意政法单位、全区检察机关基层建设示范院等荣誉。

罗城仫佬族自治县人民检察院利用民族精神来加强检察院精神建设的做法,不仅凸显了民族地区法治建设的因地制宜性,同时也展现了民族地区法治建设的后发优势。对于其他地区的法治建设而言,无疑是一种重要的参考经验。

三、法治政府勤建设,改革创新敢争先

2015 年《行政诉讼法》设立了行政机关负责人出庭应诉制度,罗城仫佬族自治县对此十分重视。具体言之,罗城仫佬族自治县出台了《罗城仫佬族自治县 2016 年度法治政府建设工作完成情况报告》,在该报告中指出:"根据《河池市行政首长出庭应诉工作办法》的规定,对行政机关行政执法活动可能产生重大影响的行政诉讼案件,行政首长应当出庭应诉。"发生于 2016 年 11 月 21 日的小长安镇龙腾村地卡村民小组诉罗城仫佬族自治县人民政府林地所有权处理决定及河池市人民政府行政复议决定一

---

① 熊明通,刘茸. 广西壮族自治区罗城仫佬族自治县人民检察院 [EB/OL]. (2016 – 04 – 09) [2018 – 10 – 23]. http://legal. people. com. cn/n1/2016/0409/c403519 – 28262960. html.

案，是罗城仫佬族自治县行政机关负责人出庭应诉的第一案，这改变了以往"告官难见官"的现象。罗城仫佬族自治县的此种做法当时处于广西前列。

近年来，罗城仫佬族自治县认真贯彻落实中央《关于推行法律顾问制度和公职律师公司律师制度的意见》，高度重视政府法律顾问工作，将政府法律顾问作为政府推进法治政府建设的重点工作，列入重要议事日程，确保法律顾问制度落到实处。2015年，罗城仫佬族自治县人民政府办公室下发了《关于建立政府法律顾问制度的实施方案》《关于设立自治县人民政府法律顾问团（室）的通知》。根据文件要求，政府陆续推行政府法律顾问制度，该项制度有力地推进了该县的法治政府建设工作进程。2018年7月17日上午，罗城仫佬族自治县法律顾问室组织召开了法律顾问工作会议，对政府的一些重大行政决定进行深入探讨，就政府工作中存在的问题提出了许多宝贵的法律意见。在河池市，罗城仫佬族自治县是首先建立政府法律顾问制度的，其是全市其他县区的模范。政府法律顾问的设置，极大增强了政府行政决策的科学性与合理性。

四、干部效法于成龙，廉洁奉公涌先进

曾被康熙皇帝称为"天下廉吏第一"的于成龙曾在罗城任7年知县，体恤百姓疾苦，爱民如子，清正廉明，严格执法，公正司法，率先守法，大力扫黑除恶，维护民族团结和各族民众的正当权益。其因清廉奉公，"经年不知食肉"，每天都是青菜白饭，号称"于青菜"。后于成龙升任四川合州知府时，出现了罗城百姓"追送数十里，哭而还"的感人情景。为了纪念于成龙对罗城的贡献，学习于成龙廉政为官的精神，该县近几年建设了于成龙廉政文化展示馆、成龙湖公园，修复了于成龙古道、"于公旧治"石牌等，打造"中国廉政文化之乡"，在罗城掀起了廉政文化的

学习热潮，政法干部都以廉为荣，争做于成龙式的楷模，为当地法治建设营造了良好的上游生态。

罗城仫佬族自治县人民法院也是一个成功的范例。该法院坚持以审判、执行工作为中心，紧紧围绕"为大局服务、为人民司法"的法院工作主题，认真履行职责，加强人权、权利保障，做到宽严相济，罚当其罪，妥善处理民事纠纷，努力实现案结事了。该院十分注重自身建设，坚持"从严治院、公信立院、科学强院"的工作方针，坚持不懈抓好法官队伍建设，加强法官思想和职业道德教育，加强审判业务培训，加强党风廉政建设，队伍的综合素质不断提高；加大巡回审判力度，推进"阳光司法"工作，增强了工作的透明度，有效提升了社会公信力。

近年来，该院多次荣获"全区法院先进集体"称号，以及"全区法院指导人民调解工作先进集体""全区无执行积案先进法院""全区公正廉洁法院""全区阳光司法范单位"等近20项自治区集体荣誉，荣立集体三等功两次，个人获得省级以上表彰或奖励有29人次。该院研究室主任，执行局负责人黄文柳先后获评"全区优秀法官""全区法院先进个人""全区法院办案标兵"等称号，2016年当选县政协常委和河池市人大代表，2019年年初当选为"全国法院办案标兵"。她对解决执行难工作有较多呼吁，引起了罗城仫佬族自治县县委、县政府的极大关注，县委书记蓝启章同志亲自担任罗城仫佬族自治县解决执行难领导小组组长，开创了全自治区由县委书记担任该小组组长的先例。该院东门人民法庭庭长韦才杰审判的案件实现了"无改判、无发回重审、无申诉、无超审限案、无未结案"的诉讼效果，连续多年被单位评为先进工作者、法院调解能手，荣获广西壮族自治区高院民事审判先进个人称号。①

---

① 罗城仫佬族自治县人民法院身边的榜样：清正廉洁模范个人事迹［EB/OL］. 罗城仫佬族自治县人民法院网，（2014 – 07 – 01）［2018 – 10 – 23］. http：//hclc. gx-court. gov. cn/info/1023/2378. htm.

罗城仫佬族自治县是国家重点扶贫开发县，这一环境使其间接上拥有了更大的预留空间来进行法治和其他建设。行政负责人出庭应诉、政府法律顾问等一系列制度，虽然不是在罗城仫佬族自治县最早出现的，但是罗城仫佬族自治县却能依托本地的资源，灵活运用这些制度，取得了良好的效果。这些经验对于河池市乃至广西或其他省份的民族地区而言，都是重要的参考。

第四节 龙胜各族自治县："三治" 结合，凝聚各族信念

○概况

龙胜各族自治县，隶属于广西壮族自治区桂林市，位于自治区东北部，靠近湖南省怀化市与邵阳市，下辖 10 个乡镇，119 个行政村。龙胜各族自治县总人口达 18.9 万人，其中少数民族人口 12.76 万人，主要以苗族、瑶族等少数民族为主。2017 年，全县地区生产总值 66.63 亿元，城镇居民人均可支配收入达 31172 元。[①]

○法治成就

2010 年被评为第一批"全国法治县（市、区）创建活动先进单位"；2018 年马堤乡芙蓉村获得第七批"全国民主法治示范村"称号；2013 年被评为广西壮族自治区"无毒县"；2017 年本县群众安全感在自治区排名第二；2011—2012 年被评为平安广西建设活动先进县。

---

① 龙胜各族自治县人民政府. 走进龙胜 [EB/OL]. (2019 - 06 - 25). http：//www.glls.gov.cn/zjls/lsgk/.

○其他成就

全国民族团结进步模范单位（1994 年）；全国"爱心献功臣"先进县（1999 年）；国家级生态示范区（2002 年）；全国文明县城（2009 年）；全国新型农村合作医疗先进单位（2012 年）；全国科普惠农兴村计划先进单位（2012 年）；全国科技进步考核先进县（2012 年）；2009—2012 年度全国群众体育先进集体（2013 年）；全国大学生志愿服务西部计划优秀服务县（2013 年）；全国重要农业文化遗产地（2014 年）；全国首批 2016—2020 年度科普示范县（2016 年）。

作为一个位于省界的少数民族自治县，龙胜各族自治县充分利用少数民族政策，在法治建设中走出了一条独具特色的道路，给其他民族地区树立了典范。

一、科学立法，保障自治

龙胜各族自治县在自治立法工作中，强调把握少数民族特色。在《龙胜各族自治县民族民间传统文化保护条例》单行条例的立法工作中，龙胜各族自治县成立了立法领导小组，组建文本起草组和专家咨询组，聚集各方力量共同推进立法工作。其后，出台了相关立法工作方案。2018 年，《龙胜各族自治县民族民间传统文化保护条例》形成初稿，提交给自治区人大、桂林市人大的相关委室征求意见，同时组织自治区立法专家和民族专家进行审议。此外，龙胜各族自治县常委会还认真借鉴其他民族自治县自治条例修订的经验，通过召开座谈会、研讨会、征求意见会等方式，多渠道听取全县 10 个乡镇和 30 多个县直单位以及社会各界人士、老干部代表和部分人大代表的意见。

在《龙胜各族自治县自治条例》的修订工作中，龙胜各族自治县人大常委会向桂林市人大常委会征求意见，同时还聘请了广西民族大学法学、民族学等方面的专家对修订工作予以指导。此

外，还多次到自治区人大民族委员会进行汇报。龙胜各族自治县
人大常委会对各方的修改意见进行了研究，对重点内容则反复论
证。在十余次的修改之后，《龙胜各族自治县自治条例》（修订草
案）才最终完成。

二、多元化普法树德，推动法治建设

首先，为了进一步推进法治龙胜建设，龙胜各族自治县将
"法律进校园"落实到具体实践中。具体而言，该县分别在龙脊、
瓢里、泗水 3 个中心小学成立青少年法治教育基地，为乡村未成
年人传播法律知识、培育法治精神、弘扬法治文化。同时，配备
法治副校长，由龙胜各族自治县检察院、法院等司法机关主要负
责人担任各学校法治副校长一职，为法治教育进校园提供专业指
导。此外，还在校园举办法治讲座 11 场。

其次，龙胜各族自治县行政机关、司法机关结合自身的实际
情况，大力推进法治建设。例如，该县司法局通过桂林市电视台
"法治桂林"电视专栏、县电视台法治专栏和"法治龙胜"微信
公众号等多种形式开展法治宣传，推进法治文化建设。该局印发
了《致全县广大人民群众的一封公开信》，在信中将司法局的工
作职能、"法治龙胜"微信公众号、股室联系电话等内容予以公
开。同时，该局将"大走访"与脱贫攻坚、扫黑除恶等行动紧密
结合，有力地宣传了党的政策、法律法规以及平安建设的成效，
提高了人民群众对司法行政工作的认知度和满意度。此外，该局
还充分结合龙胜民俗民情，积极推行"谁执法谁普法、谁主管谁
普法"的工作机制，深入开展"法律七进"活动，先后在龙脊镇
临河广场搭建长 20 米、高 10 米的法制宣传长廊，在马堤乡芙蓉
村等全县公路醒目地段树立法治宣传牌，多形式建设法治文化宣
传阵地，力求全方位、多角度地展现法治精神。又如，龙胜各族
自治县人民法院以本地案件为素材进行创作，先后在各类媒体发

表法治文章134篇，其中在省级以上媒体发表的有41篇，在国家级媒体的有6篇，有力地宣传了龙胜各族自治县人民法院的法治建设。再如，龙胜各族自治县公安局通过编唱民族山歌的方式，有力地宣传了法治。

三、服务基层群众，助力法律扶贫

龙胜各族自治县通过资源统筹，尽可能满足基层群众的法律需求。

第一，龙胜各族自治县司法局以推进公共法律服务体系建设为重点，构建了法律服务资源共享的"大服务"平台体系，发挥了辅政惠民的提效作用。与此同时，该局还启动了一村（社区）一法律顾问活动，完成126个村（社区、街道）覆盖法律顾问的工作，实现贫困村法律顾问全覆盖，使法律服务工作得以在贫困村有效开展。在此基础上，该局加大对贫困群众的法律援助力度，让法律援助真正成为弱者的"保护之盾"。

第二，强化产业扶贫领域的法律服务。龙胜各族自治县紧紧围绕产业扶贫，增大对产业扶贫中贫困村和贫困户的政策倾斜、资金支持、金融帮扶。在小额信贷、扶贫再贷款政策、异地扶贫搬迁、土地流转、劳动就业等方面实施精准法律顾问服务。法律顾问积极协助党委政府化解信访矛盾，参与重大矛盾纠纷排查调解，努力防止民事、商事案件（纠纷）激化为刑事案件和群体性案件，全力维护和谐稳定的社会环境。通过上述措施，进一步调动贫困户创业增收的积极性，增强其主体意识、市场意识、风险防范意识和信用意识，激活其内生发展动力，最终促进农村发展和农民增收。

第三，推进法律服务。龙胜各族自治县先后加强县域公证处的规范化建设，增强公证机构辐射乡村的能力。同时依托各村级综合服务中心，推行公证巡回办证、进村入户蹲点办证等措施，及时满足贫困户在脱贫过程中的法律需求。此外，龙胜各族自治县人民法院坚持就地办案，2017年先后深入村寨等地开展巡回办案67场，方便了群众诉讼。与此同时，还提升诉讼服务水平，开展网上预立案，为贫困户、农民工、老年人、残疾人和军人开辟"绿色通道"，做到优先立案、优先审理、优先执行。在审理之外，还加大对孤寡老人、残疾人、贫困群众等困难弱势群体的司法救助力度，2017年先后救助困难当事人32人，发放司法救助金29.7万元。对于因生活困难交不起诉讼费的当事人，给予减、免、缓交诉讼费11.26万元，有效地保证了困难群众的起诉权利。①

四、建立特色化工作机制，全力调处"三大纠纷"

现行法律明确规定土地归集体所有，部分少数民族聚居村落受原有民族习惯法影响，土地尚未确权。近年来，受铁路、公路征地补偿款的影响，村民对这些尚未确权的土地主张权利，由于各方争执不下，当时社会矛盾极其尖锐。2017年，龙胜各族自治县"三大纠纷"调处工作以营造和谐稳定的经济社会发展环境为目标，以坚决防止发生"三大纠纷"引发群体性事件为重点，以调处重大纠纷案件为着力点，组织开展"三大纠纷"的预防、排查、化解和调处工作，有效地解决了因征地补偿所引发的社会矛盾。同时，还建立、完善了颇具特色的纠纷调处工作机制。

首先，进一步完善"以奖代拨"纠纷调处工作激励机制，将以往按村大小定额拨付调处经费的做法，改为依据纠纷大小给予奖补。具体而言，针对"三大纠纷"的调解，按个人与个人之间、个人与集体之间、集体与集体之间分类，对于调解成功的每件纠纷奖励200～500元，未成功的每件纠纷补助80～150元；一

---

① 龙胜各族自治县人民法院. 龙胜各族自治县人民法院2017年工作报告［R］. 龙胜各族自治县人民法院，2017.

般民事纠纷调解成功的每件奖励 200 元，未成功但引导当事人通过诉讼解决的，每件补助 50 元。"以奖代拨"机制的推行，有效激发了基层调解员的积极性，大量的矛盾纠纷得以在村屯有效化解，在此过程没有发生矛盾激化引发的群体性事件和"民转刑"案件。

其次，全面落实"五排查"工作制度，坚持纵向排查与横向排查、定期排查与不定期排查相结合，做到早发现、早预防、早稳控、早化解。具体而言，各乡镇每月 20 日将排查情况报县调处办，对排查出来的纠纷案件，按照"五个确定"工作制度严格落实，及时做好稳控和化解工作。同时，加强责任意识，树立法治理念。按照"分级负责、属地管理"的原则，全力做到"小事不出村，大事不出乡镇，矛盾不上交"，尽可能将矛盾化解在基层。各乡镇各部门在处理好一般性矛盾纠纷的基础上，集聚多方力量，有计划、有步骤地解决一批大案、要案、积案或群众反映强烈的敏感性案件，下大力气减少积案存量，全面化解"三大纠纷"越级上访隐患。此外，还围绕中心工作扎实开展纠纷调处，做到县委、县政府的重大决策部署到哪里，调处工作就跟进到哪里；重大项目建设在哪里，调处工作就服务到哪里，妥善处置纠纷，努力维护社会和谐稳定。

最后，建立"三跨"联防联调约定处置机制。乡村振兴的重点在于乡村治理，龙胜各族自治县毗邻湖南怀化市和广西柳州市，属于省际边界县城，地形复杂，交通十分不便，少数民族之间因文化差异而产生纠纷的现象长期存在，乡村治理难度大。2017 年，龙胜各族自治县针对此情况，与湖南怀化市通道县、广西柳州市三江县及桂林市资源县建立起联席会议及联防联调长效机制，县域内的三门、瓢里、乐江、平等、江底、伟江等 6 个乡镇与周边的"三跨"矛盾纠纷基本得到解决。

党的十九大报告指出："加强农村基层基础工作，健全法治、自治、德治相结合的乡村治理体系。"基层治理是国家治理的基础，实现基层治理能力、治理体系现代化是实现国家治理体系、治理能力现代化的关键所在。实现基层治理能力、治理体系现代化则必须坚持以法治为本、德治为先、自治为基，德治、自治为依法治国、依法治县保驾护航。在这方面，龙胜各族自治县是一个成功的范例。

第五节　象州县：人民调解促和谐，法治行动安民心

○概况

象州是隋朝时设置的州。591 年置，因界内象山得名。象州县是中国广西壮族自治区来宾市所辖的一个县，位于桂中地区，西接兴宾区，南靠武宣县，东邻金秀瑶族自治县，北连柳州市鹿寨县、柳江区，县治象州镇距广西首府南宁市 189 公里。象州县行政区域总面积 1898 平方公里，下辖 8 个镇、3 个乡，截至 2014 年年底，县总人口 367136 人，其中常住人口 292500 人。

○法治成就

象州县司法局荣获"全国人民调解工作先进集体"称号（2018 年）；象州县荣获"2011—2015 年全国法治宣传教育先进县"称号（2017 年）；象州县司法局荣获"全国青少年普法教育活动先进单位"（2017 年）；象州县连续 10 年被评为广西平安县，获评第三批"全国法治县（市、区）创建活动先进单位"以及"2011—2015 年度全国法制宣传教育先进集体"（2017 年）；象州县龙富村获"全国民主法治示范村"光荣称号（2006 年）；象州县先后获得"全国法治县创建先进单位""全国平安畅通县""全国法制宣传教育先进县"称号，连续多年被评为广西壮族自

治区平安县;象州县先后荣获国家级荣誉 16 个,荣获"平安广西"先进县、全自治区"六五"普法中期检查验收先进县等省部级荣誉 57 个,荣获来宾市授予的奖项 80 个。

根据我国的国情、民情,党的十九大提出了实施乡村振兴战略。为了进一步贯彻落实乡村振兴战略,中共中央、国务院印发了《乡村振兴战略规划(2018—2022 年)》,要求全国各地区根据本地的实际情况认真贯彻落实。来宾市象州县因为地理、历史等原因在发展上长期处于比较落后的状态。随着全国各地区的交流日益频繁,象州县认识到本地的实际情况,充分抓住发展机遇,开始挖掘象州县本土资源,利用民族地区的后发优势,不断改革和完善相关制度,为象州县人民生产生活营造了稳定和谐有序的社会环境。本部分将从象州县概况、法治成就和法治经验三个方面对象州县的法治发展进行总结。

一、充分发挥人民调解制度的积极作用,化解基层社会矛盾

调解、和解纠纷的思想古已有之。我国现代的人民调解制度可以追溯到土地革命战争时期。当时调解的对象主要是农民。随着人民调解制度在化解基层社会矛盾方面的作用愈发凸显,人民调解制度在全国各地都得到了不同程度的发展。民族地区尤其重视人民调解。象州县司法局根据象州县的行政区划,分批次分级别在全县建立了 138 个人民调解委员会,形成一张覆盖全面的县、乡(镇)、村(社区)人民调解委员会网络。在这些人民调解委员会中,县级人民调解中心 1 个,乡镇级调委会 11 个,村(社区)级调委会 122 个,专业性行业性调委会 3 个(道路交通事故人民调解委员会、医疗纠纷人民调解委员会和象州县旅游纠纷人民调解委员会)及驻拘留所调解室 1 个,共配备调解员 798 人;村民调解小组 786 个,调解员 1692 人。此外,该局通过购买

服务的方式，为全县 122 个村（社区）配备了 27 名法律顾问，实现了全县 122 个村（社区）法律顾问的全覆盖，这极大充实了人民调解工作力量，法律顾问积极参与到基层人民调解工作中，把基层矛盾解决引入法治轨道。①

象州县人民调解制度的具体实施和操作路径也值得关注。我们用一个案例来展示。2018 年 1 月 26 日，象州县寺村镇村民甲向司法所反映自家家族的祖坟被同村村民乙在使用钩机开荒时损坏，双方就赔偿数额未能达成一致，矛盾迟迟得不到化解，同村友好睦邻情谊也荡然无存。司法所工作人员在接到案情后，立即向相关人员了解情况，并现场进行实地勘察，在掌握了全部案情后开始组织调解。调解伊始，双方各执一词互不相让，现场一度陷入混乱。在这种情况下，司法所工作人员调整调解思路，将两方分开进行调解，以避免双方在情绪激动的情况下加深矛盾。调解人员对村民乙指出，毁坟已经是既定事实，根据《侵权责任法》的相关规定，他理应赔偿村民甲修复坟墓的相关费用，若纠纷拖着不解决，那么双方都无法安心度过即将到来的春节。对村民甲，调解人员则从风俗人情方面进行劝导，指出根据祖坟被毁程度，村民甲赔偿款要价确实过高，一点都不做退让，这会让矛盾迟迟得不到化解，影响同村乡民之间的友好睦邻关系，而祖坟迟迟不做修缮也是对祖先的一种不敬。经过调解人员耐心的劝解，最终双方都做出了让步，成功达成调解协议，双方当场和解，恢复了同村乡民情谊。祭祀观念在民族地区乡民心中根深蒂固，毁坏坟墓类侵权纠纷与乡民的民族习俗紧密相关，如果得不到及时妥善处理，极有可能上升为群体性矛盾，形成乡村不稳定因素。由此案例我们可以看出，象州县人民调解充分顾及到了乡土民情，能够抓住纠纷的关键，也能精准找到纠纷双方的矛盾点，定点突破，取得了良好效果。

---

① 莫珍珍. 广西象州人民调解工作获全国先进 ［EB/OL］. （2018－05－22）［2018－10－23］. http：//gx. people. com. cn/n2/2018/0531/c384274－31648527. html.

笔者用一组数据来客观展示象州县人民调解制度在化解当地社会矛盾方面的积极作用。2018年以来，全县各级人民调解委员会共排查矛盾纠纷871件，调解871件，其中村（居）调委会调解434件，乡镇调委会调解280件，社会团体和其他组织调委会调解157件，共调解成功845件，调解成功率达97.0%。相比于2017年同期，矛盾纠纷数量呈下降趋势。各类矛盾纠纷在村（社区）人民调解委员会采取有效稳控措施和积极化解下，没有发生因调解不及时或调解不当而引发刑事案件和群体性事件。① 这组数据直观地向我们展示了人民调解制度在象州县解决基层社会矛盾、维护社会稳定方面的不可替代作用。

象州县将在我国已经发展比较成熟的人民调解制度与本地实际情况相结合，并且在制度设计上更加精细化、科学化且可操作性强，因此取得了良好的社会效果。象州县的人民调解工作为维护象州社会稳定和促进象州法治建设做出了重大的贡献，因为其相对完善的制度设计，成为各个地区的学习对象。同理，象州县目前的人民调解制度也可以为其他尚未建立起一套完善人民调解制度的地区所借鉴。

二、加强普法宣传教育，丰富法治宣传载体

象州县整合了法律服务资源，为群众提供法治宣传、纠纷化解、法律咨询等立体化、全天候和全地域的公共法律服务，以优质高效的法律服务为乡村振兴战略提供法治保障。

象州县立足不同地区不同人群的实际需求，运用了丰富的法治宣传载体。在农村，结合农村农民的实际情况和法律知识需求，采用了"村村通"普法喇叭、法律赶集、普法演出、律师现身"说法"等法治宣传方式。每天下午五点半，象州县各乡镇村

① 李家健，莫珍珍，文思懿. 象州：整合各方资源推进公共法律服务 [N]. 广西日报，2019-03-05（8）.

委的"村村通"喇叭都会准时播放不同的普法内容，主要是山林土地、邻里通行、婚姻家庭等与乡村群众生产生活密切相关的法律知识。这里的播报并不是单纯的读法条，而是将专业的法律知识、法律用语用村民们最易理解的话语转述出来，实现普法的有效化，让村民们在潜移默化中树立起法治观念并形成法治思维。在重阳节时，结合节日敬老爱老的主题，寺村镇寺村社区法律顾问为社区老年人开展了一场老年人法律知识讲座，主要内容是关涉老年人切身利益的《老年人权益保障法》，主要针对老年人可能遇到的赡养纠纷，用他们理解的通俗语言和方式，向他们传达如何捍卫法律赋予自己的合法权益。

针对毒品、邪教和社会黑恶势力这三种严重危害社会稳定的因素，象州县开展了禁毒、反邪教和扫黑除恶专项普法宣传活动。为了让此专项普法活动更加接地气，象州县充分结合本地的山歌文化。2019年5月14日，象州县在寺村镇文化广场举办了一场以扫黑除恶、禁毒、反邪教为主题的"特别的山歌会"。这场山歌会吸引了象州县各个乡镇的山歌歌手前来参加，山歌歌手们将扫黑除恶、禁毒、反邪教的相关知识创作成歌词，再配上山歌曲调，以歌唱的方式向乡民们普及相关知识。引导他们积极参加到扫黑除恶、禁毒、反邪教活动中。此外，工作人员还通过在现场展示宣传海报、发放宣传手册、设点现场解答相关法律问题的方式，向群众宣传相关知识，让群众深刻认识到毒品、黑恶势力、邪教对社会的严重危害以及如何用正当的手段与之作斗争，捍卫自己的合法权益。

此外，为了让普法宣传教育更加贴近人民生活和常态化，象州县司法局依据《象州县"红水河法治文化长廊"二期建设方案》，在全县二级公路沿线的村屯逐步创建了一批群众喜闻乐见、特色明显、带动力强、教育示范作用突出的法治文化示范点。目前已建成了有一定规模的大乐镇岭南村法治文化广场、罗秀镇军田村法治文化广场、罗秀镇敖村法治文化广场、象州县法治宣传教育中心等普法宣传阵地。

象州县法治文化阵地建设是向柳州市鹿寨县学习的成果。广西首个县级法治主题公园在鹿寨县建设成功并运行，2016年2月，象州县司法局相关部门领导实地考察学习了鹿寨县法治文化阵地建设，参观了法治文化主题公园和法治文化宣传长廊。在参观考察的过程中，象州县司法局相关负责人就明确表示鹿寨县的法治文化阵地紧扣"法治"主题，充分考虑到民众的法律需求和可接受度，一定要好好借鉴鹿寨县的相关经验，做好象州县的法治文化阵地建设，实现普法宣传教育常态化、有效化。在鹿寨县法治文化阵地建设经验的指引下，象州县快速将本县的法治文化阵地建设提上日程。根据本县的现实情况，目前已经建成了一批法治文化广场并开始发挥法治宣传作用。

三、政府和司法机关积极作为，齐力共创法治象州

通过搜索象州县法治建设相关素材并进行系统梳理，有一个很直观的感受是，在法治象州的创建过程中，象州县政府机关积极作为，勇于担责，活跃在法治创建和宣传的一线。

近年来，象州县委县政府始终将"让每一名群众在法治象州建设中有更多的参与感和获得感"作为工作的重点，不断改进社会治理方式，努力让社会治理水平迈上新台阶。为了实现这一目标，象州县委县政府从以下三个方面着手，在平安法治建设上做出了积极的努力。

一是"四级网络"化解信访难题。四级信访维稳网络由1个县级综治信访维稳中心、11个乡镇工作站、122个村（社区）工作室、812个村屯联络点构成。① 县级综治信访维稳中心主要负责指导全县平安法治创建工作，履行解决矛盾纠纷、维护社会稳定

---

① 黄隆天. 构建"四级信访网络"畅通群众诉求渠道——象州县转变方式积极化解农村信访矛盾工作综述［N］. 来宾日报，2015–11–06.

等职能。

二是"五大员"带动群防群治。为了营造和谐稳定的社会环境，象州县创新实施"五大员"（驻村警务员、法制宣传员、人民调解员、维稳信息员、抢险救灾员）工作机制。"五大员"中的驻村警务员来自于政法部门干警队伍，具备一定的专业性，其他"四大员"则是从各个自然村群众中选任，其中驻村警务员主要起统筹引领作用，共同致力于为当地群众创造和谐稳定的生活环境。

三是"警格化"管理流动人口。象州县与时俱进，创新"2＋1""567"警格化流动人口管理模式。"2"即把流动人口比较集中、治安状况比较复杂的区域划为两大警格，"1"即警务员联系一名教练负责掌握所带学员的动向。"567"是一种工作方法的简称。"5"是指每个警格员在开展工作时配备的"五小件"（工作牌、公文包、民情日记本、警民联系卡、移动采集终端）；"6"是指警格员开展工作时要填好的"六种表格"（流动人员、出租屋管理、承租住房人员、内部单位管理、特种行业场所、行业场所登记表表格）；"7"是指深入警格区开展"七项工作"（信息采集、特殊人群监管、化解矛盾纠纷、帮教管控、督促治安防范、法制宣传、提供案件线索）。① 每个警格员都有自己的责任片区，通过对警格区开展走访摸排工作实现对流动人口有效管控。在这种警格化模式下，一旦某处发生突发情况，警务人员可以迅速集结，真正做到"警网恢恢，疏而不漏"，取得了良好的社会效果。

象州县检察院为了方便群众办理检察业务，开发出"社区检察官"服务群众。"社区检察官"是基于互联网建立起来的一个掌上平台，群众只需用手机扫描二维码登录平台，即可向检察院提供违法行为线索、进行案件资料查询，申请法律援助和进行线上预约等。此外，该平台还设置了"留言区"，以便收集人民群

---

① 黄隆天. 构建"四级信访网络"畅通群众诉求渠道——象州县转变方式积极化解农村信访矛盾工作综述［N］. 来宾日报，2015－11－06.

众对检察工作提出的意见和建议。这不仅为人民群众提供了监督渠道，也有利于检察工作的进一步改进和完善，以使检察工作更加符合人民群众的期待和需求。象州县人民检察院相关负责人说："'社区检察官'掌上平台就是要实现'人人有终端、物物可传感、处处可上网、时时在链接'的办公移动化模式。"[①] 这种基于互联网联结起来的检务办公模式打破了检察人员与人民群众在时间和空间上的壁垒，依托互联网的即时传递功能，检察人员可以实现在任何时间、任何地点都能接收到人民群众的法律服务需求并及时做出反馈，从而实现检察工作的便捷化、智能化。

象州县人民法院则把巡回法庭与普法教育活动进行有机结合，不仅可以解决案件纠纷，还能适时开展集中的法治宣传活动。如 2019 年 4 月 12 日庭审结束时，法庭工作人员并没有马上离开，而是借此机会向旁听群众普及了如何辨别黑恶势力、黑恶势力对社会的危害以及如何与黑恶势力作斗争的相关知识。此外，法官还现场以生动的案例让人民群众更直观感受黑恶势力对个人、家庭及整个社会的危害。通过宣传，一方面给社会中已存在的黑恶势力敲响了警钟，另一方面也让人民群众看到了"扫黑除恶"是大势所趋，每一个人都应该参与到这项行动中，为创建稳定和谐的生活环境做出自己的努力。巡回法庭与普法宣传教育相结合的方式，不仅让司法工作人员完成了常规的审判任务，而且还将普法宣传教育活动常态化，取得了良好的社会效果。

四、法治为经济保驾护航，用经济飞跃带动社会全面开展

象州县作为经济后发展地区，有很多方面可向先发展起来的

---

① 象检宣. 象州县检察院研发"社区检察官"服务群众 [EB]. （2018 – 03 – 01）［2018 – 10 – 23］. http: //www. jcrb. com/xztpd/ZT2018/201809/xzjc/XZLD/201809/t20180920_1909646. html.

地区学习借鉴经验。稳定的社会环境为象州县的经济发展做出了很大贡献。只有经济不断地发展，象州县才能真正将潜在的后发优势转变为现实优势。象州县为了促进当地农业的发展，2016年就基本完成了全县农村土地承包经营权确权登记。农村土地承包经营权确权登记制度使农户所承包地块的地理位置、占地面积等相关信息更加明确和有据可查，不仅从源头上减少了土地纠纷矛盾的产生，还赋予了农民更有保障的法律权利。象州县通过转变农业发展方式，打造新的生产经营模式，使农民的财产性收入获得了显著提高，农业生产更是呈现多方面增长，呈现整体提升、特色产业重点发展的良好态势。2002年，象州县农业总产值只有10.30亿元，到2016年年底，全县农林牧渔业总产值达44.23亿元，是原来的4.3倍。① 同时，象州县充分利用独特的地理优势，实施"工业强县"战略，充分利用"中国最适宜粤商投资地区""西部最具投资吸引力城市"以及"国家新型城镇化试点县"等名片，以"港产城"一体化发展为核心，狠抓工业经济转型升级，强力推进"工业强县"战略，全力打造"亲商、爱商、富商"良好投资环境，吸引了一批批客商前来投资兴业。象州县良好的社会环境为客商们营造了良好的投资环境，客商来自各个地区，包括一些先发展起来的地区，这些客商不仅为象州县带来了资金，还带来了最为重要的技术和先进的管理经验。通过招商引资，在短时间内，象州县实现了以相对较小的成本取得发展所需的技术、市场和资金，充分发挥了自身的后发优势。据统计，象州县2010年的GDP有56.9亿元，到2017年底已达114.5亿元，在本来基数较大的基础上又翻了一番，进一步巩固了自治区内领先的地位。

象州县政府和司法机关为象州发展做出的种种努力，给象州县充分发挥后发优势创造了良好的社会环境，同样值得其他落后

---

① 龚坚，黄飞. 象州：五大战略促发展千年古郡气象新 [N]. 广西日报，2017 - 12 - 28 (21).

地区学习借鉴。后发展地区取他人之长补己之短，可以让自己少走许多弯路，在很大程度上节省了摸索和试错的成本，助力其更加快速地追赶上先发展起来的地区。

第六节　金秀瑶族自治县：依靠民间智慧，建设法治"瑶都"

○概况

金秀瑶族自治县地处广西中部偏东的大瑶山主体山脉上，是全国最早成立的瑶族自治县。全县总面积 2518 平方公里，耕地面积 21.57 万亩，辖 3 镇 7 乡 77 个行政村 4 个社区，总人口约 15.7 万人，其中瑶族人口占 39.01%。瑶族中有盘瑶、茶山瑶、花篮瑶、山子瑶和坳瑶等 5 个支系，是世界瑶族支系最多的县份和瑶族主要聚居县。①

○法治成就

在法治建设上，金秀瑶族自治县是第二批"全国法治县（市、区）创建活动先进单位"（2013 年），金秀瑶族自治县人民检察院于 2014 年荣获集体二等功。

○其他成就

金秀瑶族自治县先后获得"中国长寿之乡""中国民间文化艺术之乡""中国天然氧吧""中国瑶医药之乡""全国森林旅游示范县""广西优秀旅游县"称号，以及"广西十佳休闲旅游目的地""广西省国民旅游休闲示范单位""广西特色旅游名县""中国瑶医药之乡""信访工作'三无'（无进京越级上访、无大

_____

①

规模集体上访、无因信访问题引发的极端恶性事件）县"等荣誉称号。①

近年来，金秀瑶族自治县在民族治理与地方法治建设上，开拓出了一条独具民族地区特色的法治发展道路，其法治建设的优秀经验值得我们借鉴。

一、立足民族实际，打造瑶都"特色人民法庭"

金秀瑶族自治县位于广西大瑶山山区，是全国最早成立的瑶族自治县。复杂的山区地貌，使金秀瑶族自治县交通不便，社会经济发展相对落后。但即便如此，金秀瑶族自治县在法治建设上仍取得突出的成绩。系该县法院立足地方实际，充分利用丰富的风俗传统、创新的司法形式所取得的。

一是法官"瑶言瑶语"巧审案。金秀瑶族自治县人民法院立足地方实际，培养兼通少数民族语言、地方方言的双语法官。创新调解方式，积极开展少数民族法官与少数民族诉讼主体一对一的对接调解活动，大力推行"双语调解"，充分利用民族语言、乡音、乡情拉近与群众的距离，让少数民族群众充分理解调解处理的结果，提高结果的可接受度。

二是巧用民风民俗，创新调解模式。金秀瑶族自治县人民法院桐木法庭充分结合实际情况，积极创新矛盾纠纷化解方式，把民商事调解工作与民族习惯相融合，创建了少数民族调解工作模式。在涉瑶案件的审理中，推行"双语调解"，邀请瑶族族老、寨老参与调解，发挥瑶族"头人"的威望作用，利用瑶族"石牌律"等村规民约、民风良俗，高效、便捷地化解矛盾纠纷，让少数民族群众在感情上易于接受案件处理结果，达到社会效果和法律效果的有机统一。2019 年 1—10 月，金秀瑶族自治县人民法院

① 金秀瑶族自治县人民政府. 走进金秀［EB/OL］.（2019 – 09 – 28）. http：//www. jinxiu. gov. cn.

共受理各类案件 1215 件，审结 866 件，结案率为 71.28%，在所审结的案件中，民商事案件调撤率达 69.66%。①

三是创设"灵活法庭"，彰显司法温情。山区瑶族群众居住于山区，交通不便，为便于诉讼，金秀瑶族自治县人民法院桐木法庭创设了"夜间法庭""假日法庭""农忙法庭""圩日法庭"等多个灵活法庭，根据当事人的特殊需要灵活安排开庭时间，为当事人提供方便、快捷的司法服务。

金秀瑶族自治县人民法院设立立案信访窗口，打造"农民工维权""妇女儿童维权""军人维权"等司法服务窗口，方便人民群众表达诉求、参与诉讼、维护权益。同时积极开展巡回审判，深入瑶乡村寨就地立案、现场开庭、及时送达。近年来，该庭法官们深入田间地头调解案件 460 余起，走上街头巷尾巡回开庭 380 余次。

二、发挥社会组织的优势作用，培育民族地区法治建设新力量

金秀瑶族自治县是山区县，农村人口占全县总人口的 85% 以上。农村群众法治现代化意识浅薄。在矛盾纠纷的处理上，金秀瑶族自治县充分发挥社会组织的优势作用，利用石牌律，邀请"石牌头人"充当调解员，有效地提高了纠纷解决的效率。"石牌律"是金秀瑶族同胞共同定立的规约，篆刻在石牌或抄写在纸上、木板上，供大家遵照执行。在古代，金秀瑶族用石牌来规范管理民族内部事务，其族人的权利、义务都十分清楚。如今，在金秀大瑶山，有不少瑶族村寨把村规民约刻在石牌上，用石牌条规来规范村民行为，化解民间矛盾纠纷。如金秀瑶族自治县大樟乡花炉村花炉屯村民与六岭屯村民因山林权属问题产生纠纷，村

---

① 邹文彬. 金秀瑶族自治县创新少数民族矛盾纠纷化解机制纪事 [N]. 广西法治日报，2019 – 10 – 11.

委会、乡司法所、县法院等部门工作人员联合对该案进行调解。调解过程中，调解员引用瑶族"石牌"公约中"各人各山，各有界限，各有地限，不准乱行界出，以防私心"和"和为贵""大团结"的瑶民相处原则进行调处。经过多次调解，双方当事人打开心结，达成共同经营管理的调解协议。

瑶民敬畏"石牌律"。在调解群众纠纷中，依法依规办案的同时，对"石牌律"也应充分利用，发挥瑶族"头人""寨老"等辈分高、生产生活经验丰富、受人尊崇的瑶族有威望之人的作用，力邀他们参与调解，促使矛盾纠纷得以有效解决。"石牌头人"充当调解员，是金秀瑶族地区的一大特色，他们充分发挥社会组织中的优势力量，参与地方纠纷调解，取得了显著的成效。例如，金秀瑶族自治县六巷乡泗水村的赵某华与同村的陈某因为几棵八角树产生纠纷。"石牌头人"赵某章了解情况后，向当事人讲解瑶族的历史，并且利用瑶族的"石牌律"，讲解和为贵的重要性，最终促成双方握手言和。

三、依法有效化解社会纠纷矛盾，提升纠纷解决效率

一方面，依法公正高效履行行政复议职能。金秀瑶族自治县政府通过多种渠道，积极运用和解、调解等手段化解矛盾，最大限度实现行政复议案件"定纷止争、案结事了"的目标。同时推行调解前置、重点听证、适时开庭、集体讨论等行政复议案件审理方式，大大提升了纠纷调解的效率。另一方面，加强和改进信访工作，提升群众信访质量。金秀瑶族自治县人民法院坚持用法律思维研判案情，分析事实证据，提出客观公正的结论，努力处理好行政机关公信力和信访人合法权益之间的关系。一旦发现行政机关行为有错误的，将依法提出纠错意见；对信访人诉讼无理的，注重从法律角度做好说服解释和劝导工作，使案结事了，信访息诉。

四、全面推行普法教育，提升民众法律素养

为贯彻落实依法治国方略，提升金秀法治建设水平。金秀瑶族自治县深入开展法治宣传教育，扎实推进社会治理法治化水平。通过不断学习其他地方的先进普法教育经验，金秀瑶族自治县采取法治宣传教育与法治实践相结合的方式，着力打造民族地区普法教育的新品牌。主要是通过以下几个方面来进行。

第一，开展普法教育下乡活动。金秀瑶族自治县经济落后，民众文化水平较低，民族法治意识浅薄。为了让民众能更深入理解相关法治理念，金秀瑶族自治县通过法治文化文艺汇演下乡的形式，开展普法宣传，将普法知识融入文艺汇演的节目中。这有效地提升了普法质量，使民众在娱乐中学到了法律知识。

第二，开展法治宣传进校园、进社区活动。金秀瑶族自治县公安局、司法局、消防大队、禁毒办等部门定期在县里各学校举办"法治宣传进校园"活动，通过生动的法治故事宣讲，有效提高了青少年的法治意识。同时，全县还聘请了 196 名普法骨干、650 名普法志愿者，通过发放宣传资料、开展法律咨询、举办法制讲座等形式在社区宣传法律知识。

第三，坚持边审案边普法，通过构筑法制宣传教育平台，向山区瑶族群众进行普法教育。这不仅促进了司法公开，也提升了群众的法律意识。

金秀瑶族自治县虽地处西南边陲，交通不便，经济相对落后，但其却能结合民族优势，创新法治工作，着力打造自己的法治经验。在法治建设的过程中，金秀瑶族自治县逐步摸索出一条符合实际情况的法治建设经验，已然成为民族地区法治建设的新引领。金秀瑶族自治县的法治建设经验，为其他民族地区的法治政府、法治社会建设提供了先进的借鉴经验。

第七节　扶绥县：党政模范共治，
壮乡展现法治新风尚

○概况

扶绥县位于广西西南部，南宁市西侧，属热带湿润季风区。全县总面积 2836 平方公里，辖 11 个乡镇，总人口 45 万，居住着壮、汉、瑶、苗等多个民族，是壮族（蓝衣壮）的发源地之一。①

○法治成就

扶绥县入选第二批"全国法治县（市、区）创建活动先进单位"（2013 年）、第三批"全国法治县（市、区）创建活动先进单位"（2015 年），扶绥县岜盆乡岜伦村被评为第二批"全国民主法治示范村"（2006 年）、渠黎镇吉到社区被评为第七批"全国民主法治示范村（社区）"（2018 年），扶绥县司法局被评为 2011—2015 年全市法治宣传教育先进集体；并涌现出全国模范人民调解员黄福平、全区法治宣传教育先进个人梁在色、全区社区矫正岗位练兵能手莫清华、全县勤廉榜样周文学等先进典型。

此外，扶绥县还获国家民政部授予的"全国农村社区治理实验区"的荣誉称号，被评为"2015—2016 年度建设广西活动平安县""2014—2016 年广西无传销县"、自治区级农村社区建设试点县。扶绥县新宁镇获评"2015—2016 年度建设平安广西活动先进乡镇"称号等。扶绥县公安局荣获全区公安机关 2017 年度集体二等功。2016 年，全县群众安全感排名全自治区区第十位。

---

① 扶绥县人民政府. 走进扶绥［EB/OL］.（2017 – 10 – 12）. http://www.fusui. gov. cn.

2017 年，全县群众安全感单项成绩以 94.7% 创下历史最高记录。

扶绥县有广西首府后花园之称，其交通区位以"毗邻南宁、面向东盟、通边达海"而独具优势。基于独特的区位优势，扶绥县法治建设水平较高。近年来，多项法治工作走在全国、全自治区前列，取得了突出的成绩，为新时代的扶绥发展营造了良好的法治环境，突出展现了民族地区法治建设的后发优势。

一、自上而下加以推进，法治建设有章可循

近年来，扶绥县紧跟法治建设新形势，在学习先进经验的基础上，结合自身实际治理环境的需要，在党政领导建设、政法干部队伍建设等方面不断推陈出新。

首先，领导班子对扶绥县法治建设工作高度重视。2017 年，扶绥县结合自治区依法治区委员会领导小组办公室制定的年度工作要点，印发了《扶绥县法治政府建设实施方案（2016—2020年)》，明确了各部门法治政府建设的主要任务、实施步骤和主要措施，希望各乡镇人民政府和县直各部门均能按照法治政府建设的时间表和任务加以贯彻落实。同年，扶绥县还印发了《关于调整扶绥县全面推进依法行政工作领导小组成员的通知》，明确行政机关负责人作为法治政府建设的第一责任人必须狠抓落实法治建设。在此基础上，县第十六届人大常委会第二次会议审议通过了《关于开展第七个五年法制宣传教育的决议》。

其次，"扶绥县依法治县领导小组"更名"为扶绥法治建设工作领导小组"，同时成立依法治县委员会。小组召开了第六次全县法治宣传教育工作会议，对"六五"普法先进集体和先进个人通报表扬，对"七五"普法规划进行了动员部署。在此之下，全县各级部门制定了本部门的"七五"普法规划，成立了法治建设领导小组和办事机构。此外，县委还出台了《扶绥县关于实行国家机关"谁执法谁普法"普法责任制的实施办法》，明确普法

主体、任务和责任。在此基础上，县法治建设领导小组围绕年度普法目标及时进行检查，认真对照普法考核指标，层层分解任务，严格落实责任，推动全县普法考核"硬指标"的全面落实。

二、不留死角，法治政府建设有声有色

（1）制度规范，从源头保障法治公正。

扶绥县印发《扶绥县人民政府办公室关于进一步做好规范性文件备案审查工作的通知》及转发《广西壮族自治区法制办公室关于印发广西壮族自治区行政规范性文件备案审查文书格式的通知》到各部门各乡镇，要求各部门各乡镇按照要求将规范性文件报备、审查。通过备案审查工作，扶绥县规范性文件质量明显提高。为坚持立改废并举，增强政府规范性文件的及时性、系统性、针对性、有效性，县人民政府目前正在全面推进规范性文件清理工作。

为加强规范性文件的监督管理，促进本县各级行政机关全面建立和实行规范性文件统一登记、统一编号、统一印发制度，扶绥县制定并印发了《扶绥县规范性文件统一登记统一编号统一印发制度》，要求各部门各乡镇贯彻落实。该制度明确了未经"三统一"的规范性文件，不得作为行政管理的依据。

（2）积极创新，落实政府法律顾问制度。

2016年，扶绥县相继制定了《扶绥县人民政府办公室关于建立政府法律顾问制度的意见》《扶绥县人民政府法律顾问管理规定》和《扶绥县人民政府法律顾问专项经费管理办法》，正式确立政府法律顾问制度。同年12月，扶绥县成立了崇左市第一个法制系统公职律师办公室，这极大增强了专业法律队伍的业务水平和能力。近几年来，县人民政府坚持聘请常年法律顾问，为县政府重大行政决策提供专业法律服务。2018年，县人民政府法律顾问团队积极应对涉及县人民政府重大项目合同和经济纠纷案件的处置及诉讼工作，为县财政挽回将近2亿元的经济损失。在政

府法律顾问的制度上，扶绥县将预留空间广阔这一民族地区法治建设的后发优势利用得非常巧妙，对扶绥法治政府建设起到了非常重要的作用。

（3）执法公示，最大程度保障群众利益。

扶绥县首先强化行政执法"三项制度"建设。目前，扶绥县正在对照自治区人民政府办公厅2019年印发的《全面推行行政执法公示制度执法全过程记录制度重大执法决定法制审核制度实施方案》的要求逐一落实。具体而言，一是全面推行行政执法公示制度。目前，各执法部门正严格按照"三定"方案确定的职责，对照《扶绥县全面建立行政执法公示制度实施方案》进行执法公示，确保执法内容、执法环节依法公开。二是推行执法全过程记录制度。2019年，扶绥县继续加强执法队伍装备建设，确保行政执法人员能利用执法记录设备、视频监控设施等装备执法，能对日常巡查、调查取证、案卷制作、行政强制等行政执法活动全过程进行记录。三是全面推行重大执法决定法制审核制度。各行政执法部门做出重大行政执法决定前，要严格进行法制审核，未经法制审核或审核未通过的，不得做出决定。

另外，扶绥县全面落实行政执法责任制。具体来说，扶绥县逐步完善投诉举报、情况通报等制度，坚决排除对执法活动的干预，防止和克服部门利益、地方保护主义、执法工作中利益的驱动，惩治执法腐败现象。扶绥县还将行政执法单位的法定职责确定为内部考核目标，将行政执法责任制评议考核结果作为行政执法单位负责人和执法人员绩效考核的重要依据。通过落实责任、评议考核和实施奖惩，推进依法行政。

（4）紧跟时代，落实多元化纠纷解决机制。

首先，加强行政复议工作。扶绥县依法公正办理行政复议案件，完善行政复议案件办理流程、案件归档查阅、重大复杂疑难案件集体讨论、召开听证会等工作制度，提高行政复议案件办理质量，依法纠正违法或不当具体行政行为。据全县法治政府建设工作推进情况通报，2018 年至 2019 年 6 月 27 底，扶绥县人民政府共收到行政复议申请案件 20 件，依法立案受理 20 件，已审理办结 18 件，其中纠错 10 件。

其次，人民调解工作凸显民族特色。在扶绥，全县 132 个行政村（社区）基本实现法律顾问全覆盖，每年调解矛盾纠纷案件 2000 多件，基本实现"矛盾不上交，纠纷化解在基层"。之所以取得如此成效，其中的主要原因在于，扶绥非诉讼纠纷解决的方式比非民族地区种类更多，形式也更多样。扶绥县充分利用本地的民族资源，不断创新调解方式，实现了非诉讼纠纷解决机制的二次创新。

三、深入开展学法用法，全面提升干群法律素养

领导班子是"关键少数"，只有以小带大、以点带面，才能更好地推进法治建设的进程。扶绥县通过举办法治讲座、组织法律知识培训等多种方式，贯彻落实领导干部学法制度，完善领导干部日常学法机制，提高领导干部学法的计划性、系统性和针对性，推进领导干部学法的规范化、制度化建设，不断提高依法行政的能力和水平，从而推动依法行政的各项工作。同时，为了加强对行政机关工作人员的法治教育，扶绥县还积极开展了"法律进机关进单位"活动，每年县人社局均加强对公务员初任和任职的法律知识培训。此外，县里每年还组织国家公职人员参加学法用法考试，要求考试需达到 97% 的合格率，该考试结果将被列入年度考核绩效。值得一提的是，扶绥县还设有专门的普法队伍（常委宣讲团），该队伍主要由县委书记、常委参加，把宪法和党纪党规列入宣讲内容，此外还建立了公职律师办、农村普法讲师团、法治宣传员、普法联络员和普法志愿队伍等。

扶绥县十分重视青少年的法治教育，积极开展法律进学校活动。全县各中小学全部实现法制教育计划、课时、教材、师资四

落实。全县共建立青少年法治教育基地 7 个，县乡两级 38 所中小学全部配备了法治副校长，同时还将"开学第一课"法治教育常态化。在每学期开学第一个月，全县组织各中小学开展法治教育节目巡演、模拟法庭、法治安全开放日等学法用法实践活动，有针对性地对中小学生开展预防青少年犯罪及预防校园暴力等专题教育。

扶绥县对农村法治教育亦用心良苦。不仅城镇社区有"法律夜诊"和放电影活动，而且在每个乡镇都设立了一个法律援助工作站，同时每个乡镇建有一支专兼职相结合的法治宣传队伍，每个村（社区）建有一个法治宣传栏、一个法律图书室，聘请一个法律顾问。此外，扶绥县还精心组织了农村法治宣传教育活动。两年来，全县共举办农村法治宣传 200 多场，文艺演出 130 多场，法治电影 50 多场。扶绥县还注重法律进企业，引导企业诚信守法、依法经营。县人民法院、司法局、工商局、税务局等单位积极组织普法队伍深入企业内部进行法治宣传活动，为企业负责人、员工等提供各类法律咨询和法律服务。

扶绥县深入开展法治宣传教育活动，充分发挥领导干部带头敬法、守法的示范作用，推进法治教育进课程、进教材，加强基层普法，深入开展法治示范创建活动，注重以村规民约、行规章程为依托，推动全民法治教育。同时，努力建设完备的法律服务体系，努力推进覆盖城乡居民的公共法律服务体系建设，完善法律援助制度，健全司法救助体系，健全依法维权和化解纠纷机制，从服务层面推进法治社会建设。从这些方面来看，扶绥县的普法对象十分全面，体现了扶绥县法治宣传的深入性、全面性，同时也体现了民族地区的法治建设优势。

四、创新普法方式，充分利用本土资源

（1）利用民族节日开展法治宣传工作。

农历六月初六，是渠黎镇笃邦村一年一度传统歌坡节。节日

当天，渠黎镇笃邦村将在歌坡文化广场举行盛大的歌咏比赛，本地各乡镇各村屯及周边邻近县的山歌爱好者踊跃前来参加，街道两旁聚集了各类小商贩。扶绥县司法局充分利用歌坡节人流密集的时机，组织局机关工作人员到歌坡节现场开展法治宣传和法律服务活动。活动当天，围绕"扶绥县农村'法治宣传月'专项活动"和"扫黑除恶专项斗争"等中心工作广泛开展法治宣传，向来往群众发放法律援助资料、人民调解手册等与群众生产生活密切相关的法律资料，并对群众询问的法律问题给予耐心细致的解答，引导群众依法维权，让群众知道如何通过法律途径解决遇到的问题。这类活动有效地普及了法律知识，同时让有法律援助需求的群众真正享受到了实惠，取得了良好的效果。①

（2）积极组织宣讲活动。

2019年4月28号，中东镇政府举行了扶绥县"宪法进百村"宣讲活动启动仪式，组织动员全县一村（社区）法律顾问集中两个月时间深入全县132个村（社区）开展宪法宣讲活动。同时，依托普法网站及各有关部门的官方网站、微信公众号转发宪法修正案解读文章，在集镇、村（居）委会、汽车站和火车站等人员密集场所张贴宣传板报、悬挂标语等，在全社会大力营造尊崇宪法、弘扬宪法精神的氛围。

（3）巧妙利用民歌普法。

扶绥县山需镇文化站将宪法修正案内容写入山歌中，被广为传唱，有效地达到了宣传目的。以下为山歌《新宪法创新篇章》的部分歌词："治国用法必须严，办事依法不依权。经济腾飞靠它建，强国富民力争先。新时代有新特点，核心价值观要全。生态文明最关键，绿水青山传万年。"山歌除了宣传宪法修正案内容，同时还宣传精准扶贫、扫黑除恶等专项行动内容。村民对山歌的接受度极高。村民平时还举办"山歌擂台"，不仅比赛唱山

---

① 扶绥司法局巧借歌坡节开展法治宣传活动［EB/OL］.（2019－07－09）［2019－08－23］. http：//www.fs12348.gov.cn.

歌，而且还比谁对山歌内容理解得好。山歌方式提升了村民的法治意识，根据该镇文化站理论宣传员和其他基层人员反应，这些年来土地纠纷急剧减少，邻里也非常和谐，村民的法律素质也明显提高。通过独特的民族文化来进行法治宣传，村民的法治意识在宣传中得到了提升，这点无疑彰显出扶绥县法治建设的后发优势。

（4）法院结合司法审判工作，多种形式生动普法。

2017年，扶绥县人民法院被评为全国法院司法宣传先进集体。在司法宣传方面，该法院主要采取了三种工作方法。

第一种是构建"三个加"相结合的宣传形式。首先是"线上加线下"。"线上"就是"两站两微一头条"，"两站"就是两个网站，即阳光司法网和政务公开网，"两微"就是微信和微博，"一头条"就是今日头条。"线下"就是到群众中去，向群众开展零距离的法治宣传。其次是"'走出去'加'请进来'"。"走出去"主要有歌坡送法，法官下基层参与歌坡节和群众一起歌唱法治山歌等。同时，巡回法庭以案普法，到群众中去。例如，法院会到学校里宣判一个毒品案，同时也会依托开学第一课进行法治教育。最后是"专题加常态化"。"常态化"就是日常要开展的法治教育，但是要结合主题，如脱贫攻坚主题、扫黑除恶主题、校园欺凌主题等。

第二种是实地打造新平台。2017年，扶绥县人民法院着重打造一个平台，即与司法局、公安局和当地镇政府携手，在渠黎镇几大社区率先打造崇左市第一个法治文化广场，在广场中设立法官服务站，近距离解决人民群众的矛盾。2018年，扶绥县人民法院打造中东法庭青少年法治教育基地，主要面向附近乡镇的青少年特别是留守儿童。2019年，扶绥县人民法院则着力打造多元化纠纷解决平台。

第三种是成果实体化。扶绥县人民法院除了分发法治宣传资料、解答法律问题外，还产出了一些实体化的成果。例如，拍摄了微电影《一家人》，该电影来源于真实案例，主要讲述农村赡养老人的纠纷。法院请当地的群众作为演员，拍摄后把微电影赠送给当地及其他村村委播放，群众能够从微电影中学到赡养老人相关的法律知识。又如，拍摄了微视频《我和宪法》，通过法官和群众的视角，讲述了民商事以及行政、刑事等各方面的案例，让群众切实了解自己的法律权利和法律义务。

近两年扶绥县的法治建设加速发展，呈现出一派欣欣向荣之景。扶绥县作为民族地区，能借助乡土文化资源，实施普法教育，不仅维护了民族地区社会的和谐有序，也凸显了法治建设中的后发优势。

第八章 贵州法治建设中后发资源的利用经验分析

○概况

贵州省是中国西南腹地的山地旅游大省，国家生态文明试验区，首个国家级大数据综合试验区，内陆开放型经济试验区。省内有几乎所有的民族成分，其中世居少数民族有苗族、布依族、侗族、土家族、彝族、亿佬族、水族、回族、白族、仫佬族、羌族等18个民族。有黔西南布依族苗族自治州、黔东南苗族侗族自治州等3个民族自治州、11个民族自治县，253个民族乡，少数民族自治地区占全省面积的55.5%。

○法治成就①

贵州省高级人民法院被最高人民法院作为全国首家在全省辖区范围内推行行政诉讼案件集中管辖的法院，在全国率先出台《环境民事公益诉讼案件审理规程》。遵义市中级人民法院研发民商事法官审判工作量饱和度分析系统，入选最高人民法院司法改革20个典型案例。贵阳市中级人民法院参与研发了全国首个被执行人联合惩戒"云平台"。锦屏县检察院诉该县环保局行政不履行法定职责案入选最高人民法院十大环境保护行政案例。

至2018年底，贵州省有5个法院被最高人民法院确定为全国司法公开示范法院。清镇市、正安县等一批法院被评为全国先进法院、全国优秀法院。

贵州法院系统多次获邀在全国司法改革推进会、全国高级法院院长会、全国法院司法改革试点工作推进会、全国法院司法责任制改革督查推进会等相关会议上作经验交流。2017年7月，全国司法体制改革推进会在贵州省贵阳市召开。中央电视台在贵州拍摄了"运用证据指引提升审判质效"的政法专题片，作为中央

---

① 主要参考贵州省、有关地市近几年的政府、各法律部门工作报告或官方网站。

政法工作会议交流材料。

贵州省有多个部门入选"全国环境保护系统先进集体",其中包括贵阳市环境保护局、黔东南苗族侗族自治州环境保护局等。

2016年,《贵州省大数据发展应用促进条例》正式出台,这是全国首个大数据地方性法规。同年,《贵州省大扶贫条例》出台,被作为以扶贫战略法治思维和法治方式推进扶贫工作的典范,为全国扶贫系统提供参考。

检察系统涌现出"全国先进工作者"谭虎、"全国模范检察官"韩彩云等一大批先进典型,着力打造"4+1"工程升级版,完成县级检察院的验收评估工作,多个检察院获评全国模范检察院、全国先进基层检察院。此外,在全国率先开通"贵州检察12309网上网下一体化服务平台",探索检察机关提起公益诉讼制度。以检察机关为原告提起的全国首例行政公益诉讼案,被最高检评为全国十大法律监督案件。

2018年,贵州省率先在全国对生态环境损害赔偿协议进行司法确认,具体做法被中央生态环境损害赔偿制度改革方案直接吸纳。"贵州梵净山国家级自然保护区管理局行政公益诉讼案"等案例入选最高人民法院公益诉讼典型案例、最高人民法院服务保障新时代生态文明建设十大典型案例等。

贵州省司法行政队伍先后涌现出一大批先进典型,邵林刚、王劲松、赵洪、王成、冯涛等同志被授予全国司法行政系统一级、二级英模的荣誉称号。

近些年来,"贵州现象"令人瞩目。贵州省在法治建设上所取得的发展,充分体现出民族地区的后发优势。

"十二五"以来,贵州省落实新发展理念,守好发展和生态两条底线,大力实施"主基调主战略",强力推进大扶贫、大数据、大生态三大战略行动,积极应对新挑战,经济社会发展取得非凡成绩,各方面发生了深层次甚至根本性的变化,被习近平总书记赞誉为党的十八大以来党和国家事业大踏步前进的一个缩影。①

贵州省的法治建设亦取得非凡的成绩，其建设经验，值得民族地区借鉴。以往，贵州由于经济总量小，人均水平低，贫困人口多，城乡差距大，社会事业发展滞后②，其在法治建设上相对落后，群体性事件较多。③ 人民调解、社会组织调解的作用得不到有效发挥，行政机关调解纠纷的主动性低，仅靠法院之力难以化解众多纠纷。这一时期，贵州的经济、社会发展都受到影响。近年来，贵州省在法治建设中，注重因地制宜，吸收外部经验，充分发挥后发优势，取得了不俗的成效。

一、利用生态资源，推进法治创建

贵州生态资源丰富，是当地发展的优势。党的十八大以来，为了更好地守住发展和生态两条底线，贵州省采取以"大扶贫"补短板，以"大数据"抢先机，以"大生态"迎未来的新路径，发挥地方立法的引领作用。在此期间，先后制定了《贵州省生态文明建设促进条例》《贵州省生态环境损害党政领导干部问责暂行办法》《贵州省生态环境损害赔偿磋商办法（试行）》等规范，约束社会主体的环境行为。同时，进一步提高居民与企业的环保法律意识，在政策上鼓励企业发展环保经济，并在自治条例等内容上进一步保障环保经济的发展。

此外，贵州省积极宣传生态环境保护方面的法律法规，提醒人们要保护生态环境，并用执法、司法力量保护绿色资源。近年

---

① 贵州省人民政府. 2018 年贵州省政府工作报告［R/OL］.（2018 – 01 – 26）. http：//www. guizhou. gov. cn/xwdt/jrgz/201802/t20180205_1093373. html.

② 贵州省人民政府. 2017 年贵州省政府工作报告［R/OL］.（2017 – 02 – 03）. http：//www. ldqxn. com/news/guoneiguoji/20170203/365124_5. html.

③ 杨朝柱. 建立和完善我县多元化纠纷解决机制的思考［DB］.（2010 – 07 – 30）［2018 – 10 – 23］. http：//www. qdnpf. com/portal. php？ mod = view&aid = 1808.

来，贵州省提出"多彩贵州拒绝污染"的口号，大力实施绿色贵州建设行动计划，加强重点流域及重点行业治理，全面推行河长制，使水质、空气质量保持优良。同时，在全国率先实行自然资源资产离任审计等改革试点，成立生态环保司法机构，加强绿色绩效考核评价，健全党政领导干部自然资源资产离任审计和责任追究制度。在此基础上，推进生态环境保护司法机构的全覆盖，健全环境保护督察制度，设立"贵州生态日"，广泛开展绿色创建活动。

贵州省用法治为自然资源的开发利用护航，促进了多彩贵州的建设，在间接上拉动旅游经济的发展，使之成为贵州省经济的新增长点。

二、进行管理创新，促进民族村寨自治、法治和德治

民族村寨治理一直是贵州社会治理的难题。其中的主要原因在于，民族村寨地处偏远，大部分少数民族长期有"畏官""惧讼"的心理，群众对法律不信任，遇事宁可寻求宗族帮助，也不愿诉诸法律。民族村寨以血缘和亲缘关系聚居生活的方式，容易使冲突扩大化。例如，发生在贵州省的瓮安集体打砸县委楼事件、毕节默西县事件等。近年来，贵州省在充分了解民族村寨的实际情况后，因势利导，将民族村寨转化为自治力量，为社会主义法治事业做贡献。

贵州少数民族众多，笔者现以苗寨为主，说明贵州如何将宗族势力转化为自治力量。苗寨具有完整的自治体系，里面有一套独立的治理结构。苗寨村民通过会议讨论做出重大决议，选出寨老、榔头（就是首领），通过榔规榔约（民间自治规则）。① 政府

---

① 吴恒波. 法治视域下贵州苗族村寨规则意识变迁探析［J］. 贵州工程应用技术学院学报，2018（1）：36.

对此主要从以下三个方面对其进行规制引导。

（1）法庭进村屯。即法院巡回审判庭积极深入村屯进行庭审活动，通过对赡养、土地纠纷等案件的审理，普及法律知识，使人们更尊法守法，学会用法律武器保护自己的权益。

（2）民谣普法。即利用民谣进行普法宣传教育，民谣包括了土地承包、环境保护、安全生产、婚姻计生等法律法规内容。对此，充分利用民族节日、婚姻嫁娶、走亲友聚会等场合，用酒歌、对唱等形式演唱包含法律知识的民谣，取得了良好效果。同时，举办苗歌苗舞普法师资培训班，利用赶集日、民族节日等重要节点，在村寨开展法治主题文艺演出。

（3）将苗寨自治转化为村民自治，夯实法治基础。贵州省近年来查漏补缺，派出工作组"上山下乡"对民族村寨进行指导，将苗寨的榔社全面转化为村民委员会、全榔会议转化为村民大会，并对寨老、榔头进行补贴，纳入政府指导范围，引导他们带领大家遵纪守法，走向法治社会，得到了苗寨民众的认同和拥护。

三、立足本省优势，创建大数据法治

（1）立法先行。

作为全国大数据综合试验区试点，贵州省积极探索大数据的相关立法，率先出台了多部大数据地方性法规，为本省构建大数据法治奠定基础，也为国家大数据立法提供了参考。

（2）建设智慧法院。

贵州省充分利用作为全国大数据发展战略策源地、政策先行区、创新引领区和产业聚集区的地区优势，加快打造"智慧法院"。具体而言，在"互联网＋"的时代背景之下，探索完成人民法院信息化 3.0 版本的转型升级和"智慧法院"的建设目标，深入推进法治服务大数据信息公开，推进智能化建设，提升法院的科技化水平。例如，探索建立以法院为中心的执行联动信息平台、政法信息协同共享平台、信用信息自助查询平台等，同时建立融合银行信贷、工商登记、房产信息、破产记录等在内的一站式个人信息化智能查询终端，将法院审判执行工作和大数据、云计算、互联网深度融合，推进信息化建设转型升级，实现信息化应用全覆盖，促进全省法院审判体系和能力现代化。此外，还建立以案件为中心的数据互联共享平台，这对于实现便民透明的公众服务、公正高效的审判执行、全面科学的司法管理，促进和提升人民法院工作的现代化水平具有不可估量的现实意义。

（3）形成"政府法制云"。

2018年以来，贵州省政府法制办、司法厅依托贵州省政府数据开放平台，深入推进政府数据"聚通用"建设，加快"政府法制云"项目实施，完善政务数据目录体系，加强政府法制数据统筹管理能力，实现开放政府法制数据资源目录100%上线，推动政府法制数据汇聚"云上贵州"，进一步提升数据质量及运用价值。同时，加强《贵州省数字经济发展规划（2017—2020年）》、云工程建设等重点工作，推进落实信息公开。此外，贵州省还运用大数据建立公安防控、治理、破案一体化系统，建成全国第一家"块数据指挥中心"，建立科学的情报信息数据收集体系，对违法行为准确预警、精准打击，大幅提高破案率，提升监控打防效能，助推了平安贵州建设。

四、借助政策扶持，壮大法治队伍

党的十八大以来，中央高度重视法治队伍建设，贵州省充分利用这一机遇，在全省全面开展法治队伍的建设。

（1）法学教育人才队伍建设。

《国务院关于进一步促进贵州经济社会又好又快发展的若干意见》是国家对贵州省的重大政策支持。"千人计划""百人计划""西部之光""博士服务团"和"新世纪百千万人才工程"等人才和引智项目向贵州倾斜①，同时，国家加大东部地区、中央国家机关、中央企业与贵州省开展干部双向挂职、任职交流工作的力度。贵州省充分利用东部地区一对一对口支援的优势，提升自身的法治水平。具体来说，积极接收东部地区的法治人才，建立法治专家顾问制度，利用东部地区先进的法治经验推动社会治理的进步。"十二五"期间，贵州省多管齐下，出台了一系列配套政策，引进各类高层次人才1.3万人，其中引进博士2500余人，约占现有博士总数的60%。② 在这些博士中，相当一部分是优秀的法治人才或高水平的法学专家。

（2）法律职业队伍建设。

在依法治国的背景下，建立完善的选拔任用体系，培养和壮大高素质、高水平的法律职业队伍。贵州省以通过国家法律职业资格考试作为法律职业队伍的"入门槛"，加强法律职业队伍的法律素养。同时，坚持对法律队伍进行正规化、职业化的建设，制定形式多样的教育培训规划。例如，组织干警进行各类学习培训，选派干警参加最高人民法院、国家法官学院调训等。通过这些培训，借以提高全省法院干警的综合素质。此外，还推动法官、法官助理、书记员单独职务序列改革，探索建立科学法院队伍管理机制。

在法律职业队伍中，选拔领导干部需看民意、看业绩、看品德，把真正有水平、得民心的人作为职业队伍的领头人。同时，积极利用榜样的影响力，引领法律职业队伍建设。近几年来，贵州省有大批法院集体和个人受到部级以上的表彰，其中包括全国优秀法院花溪区人民法院、全国法院党建工作先进集

① 国务院. 国务院关于进一步促进贵州经济社会又好又快发展的若干意见［EB］.（2012－01－16）［2018－10－23］. http：//www. gov. cn/zwgk/2012－01/16/content_2045519. htm.

② 贵州省人民政府. 2018年贵州省政府工作报告［R/OL］.（2018－01－26）. http：//www. guizhou. gov. cn/xwdt/jrgz/201802/t20180205_1093373. html.

体正安县人民法院、全国优秀法官冉定飞、全国法院办案标兵邱兴琼等。

2017 年，《贵州省深化律师制度改革实施意见》正式出台，对推进全省律师制度改革工作做出全面部署。该意见明确提出，到 2020 年，贵州省律师队伍人数要达到 9000 名，每个县要有两个以上的律师事务所，以适应全省经济社会的发展。该意见对进一步加强贵州律师队伍建设，建立完善律师管理制度，全面保障律师执业权利，有效发挥律师职能作用等方面具有重要的意义。

（3）政府执法队伍建设。

贵州省通过法治教育培训，加强政府工作人员的法律素养。具体而言，主要包括完善学法制度，组织领导干部法治专题培训班；各级行政学院将宪法与公共行政法等法律列入干部教育必修课；健全行政执法人员岗位培训制度，组织开展行政执法人员通用法律知识、专门法律知识、新实施法律法规等专题培训；完善公务员教育培训规划，加大对公务员初任培训、任职培训中法律知识的培训力度；完善法治能力考查测试制度，加强对领导干部任职前法律知识考查和依法行政能力测试，将考查和测试结果作为领导干部任职的重要参考；促进政府及其工作部门负责人严格履行法治建设职责；依法组织新任命国家工作人员进行宪法宣誓；优化公务员录用考试测查内容，增加公务员录用考试中法律知识的比重；加强对行政执法类公务员履行行政执法职责法律知识和依法行政能力的考评。

五、广觅他山之石，借鉴先进经验

贵州省政府不仅仅依靠政策扶持，其还积极加强与其他省份的交流，注重学习先进经验。例如，贵州省司法厅专门组织学习考察团赴宁夏、山东等地学习考察驻所监督工作经验，将宁夏、山东的驻所监督模式适用于贵州驻所检察官管理中。同时，司法厅还组织相关人员前往黑龙江等省学习法律职业资格考试组织工作经验，加以吸收借鉴，提升工作水平，促进法治建设的规范化、高效化。此外，司法厅还组织人员前往湖南省司法厅学习交流，了解司法行政信息化建设、基层司法所建设和公证管理体制改革等情况。又如，贵州省高级人民法院专门组织人员到上海调研，考察法院信息化建设情况，学习案件信息分析系统的使用，以智能化支持引领法院信息化服务建设。同时，还组织法院人员前往南京市中级人民法院学习交流公司及清算破产审判工作，了解破产案件繁简分流机制、破产重整中的税收以及府院联动机制等情况。再如，贵州省人民检察院组织相关人员前往湖北省武汉市城郊地区人民检察院、河南省金水区人民检察院等地方进行学习交流，了解有关检察队伍建设、巡回检察、智慧检察等方面的建设成果，并对本省检察管理进行改进。

六、填补制度缺漏，实现法治政府水平跃升

近年来，贵州省各级政府制度建设与行政决策水平显著提升，这得益于政府的制度建设。具体而言，主要包括地方各级政府及其职能部门加强政府立法，完善政府立法机制，提高立法质量，以良法促进发展、保障善治；积极运用现代信息技术创新行政决策方式；建立决策执行纠偏机制；完善重大行政决策程序制度、合法性审查制度；建立终身责任追究制度及倒查机制；积极推进公众参与、专家论证、集体讨论，健全依法决策机制；推行行政执法公示、过程全记录和重大行政执法决定法制审核制度；加强行政裁决、行政复议、行政应诉；强化行政权力运行制约监督，自觉接受人大及其常委会的法律和工作监督，自觉接受政协的民主监督，高度重视民主党派、工商联和无党派人士的意见和建议，充分发挥工青妇等人民团体桥梁纽带作用，接受新闻舆论和社会公众监督；强化政务厂务村务公开，依法履行决策公开、

过程公开、行政资讯公开等政府职能，让权力在阳光下运行。《中国法治发展报告（2018）》显示，贵州省省级政府透明度指数排名全国第一，实现了从权力政府到责任政府，再到法治政府、服务型政府的转变。

七、纵深推进司法体制改革，创造国内领先经验

在法治贵州的建设中，人民法院、检察院充分发挥审判、检察职能，积极服务于地方社会、经济发展。为了适应新时代的需求，贵州司法部门根据本地实际深入推进司法体制、机制改革，创造出独特的"贵州司法经验"。例如，2016 年就在黔南布依族苗族自治州惠水县百鸟河数字小镇挂牌成立了全国首家大数据审判庭，服务大数据战略，化解有关纠纷，依法保障大数据产业的健康发展。此外，贵州省在全国率先出台《环境民事公益诉讼案件审理规程》，成立中国第一个生态保护法庭——贵阳市"两湖一库"环境保护审判庭与清镇市环境保护法庭，并在部分景区设置第一批旅游法庭。2016 年，贵州省出台《关于全省法院力争两年时间"基本解决执行难"三十三条措施》，建立解决执行难长效机制、全省三级法院执行指挥中心信息化平台和横向信息交换、联合惩戒机制，开创了执行的新模式。

在深化司法体制改革的过程中，贵州省还提出了不少值得肯定的创新举措。（1）坚持以案定员，推进员额制改革。依据案件数量等因素确定法官员额，严格控制在"中央政法委关于员额法官比例不超过政法专项编制 39%"的标准内，而司法行政人员则严格控制在 15% 以内，以确保 85% 以上的司法力量回归审判一线。（2）坚持以案定责，提升司法公正和公信力。为此，先后制定了《关于审判权运行办案权责清单的暂行规定》《审判执行团队工作职责》等规范性文件，确保各类办案人员及各个团队职责明晰、权责统一、分工科学，实现"让审理者裁判，由裁判者负

责"。（3）坚持以改革促实效，让人民满意、社会认同。为了有效防止冤假错案的发生、贯彻落实宽严相济的政策，贵州省检察院和公安厅还制定了《刑事案件基本证据要求》和《刑事诉讼认罪认罚从宽制度实施意见》等规范性文件，改进了办案质量。在上述深化司法改革举措落实以后，法院办案质效大幅提升，当事人、律师普遍感受到法院诉讼服务的便利，人民群众的获得感、满意度得到提升，社会环境更加和谐有序。

　　总之，在法治建设中，贵州省一方面充分利用当地资源，将自身的劣势积极转化为优势；另一方面则借助国家的政策扶持和东部地区的对口支援、成功经验，积极转变发展方向，由此取得了可喜的成绩。从中，我们看到了一条结合自身实际情况，充分利用国家政策，融入最新科技、智慧的特色化法治建设之路，这为民族地区法治建设提供了一种值得借鉴的范式，充分凸显了民族地区在法治建设中所具有的后发优势。

附　录

附录1　关于民族地区法治建设后发优势调查问卷的分析报告

一、调查背景

近年来，随着我国社会主义法治建设的不断推进，各地法治发展的差距渐渐显现出来。尤其是民族地区正处于法治建设的薄弱环节，如何更好地利用民族地区法治建设中的后发优势，在欠发达民族地区中利用本土资源开拓出一条法治发展新道路，是现阶段值得思考的问题。

二、调查目的

通过对民族地区法治状况的调查，了解民族地区居民的法律意识情况、居民对于法治建设的建议等。掌握民族地区人民对本地法治建设的了解程度和看法，发现目前法治建设中存在的问题。使我们对民族地区法治状况有一个结构性的认识，有利于进一步推进民族地区法治建设事业。

三、调查对象及一般情况

调查对象：社会公众。

一般情况：调查人群以广西社会公众为主，他们对当地民族地区的法治发展现状有一定的了解。

四、调查方式

本次调查采取的是随机问卷调查方式。以在网络上随机投放的形式发放问卷，我们共收回问卷 322 份，其中基本信息完整的有效问卷 318 份。

五、调查时间（2018 年 10 月 11 日—18 年 10 月 13 日）

六、调查内容

此次调查问卷共设计题目 12 项，问卷内容主要围绕民族地区法治建设的后发优势，调查民族地区目前的法治情况，民众对法治建设的看法等。

七、调查结果

（1）对于民族地区法治状况的了解程度，有 64.2% 的人表示仅仅了解一点，表示不清楚与基本了解的人数基本持平，均在 17% 左右，而十分熟悉民族地区法治状况的人仅占 0.9%，由此可见大部分人对于民族地区法治发展状况的关注不够，同时也说明了民族地区法治的宣传力度不足、影响不够。这是我国民族地区法治建设进程较缓慢的表现之一。

（2）在回答民族地区法治建设与普通地区的法治建设最大的区别时，有 57.6% 的人认为是民族特色，有 31.4% 的人认为是政策优惠，还有 4.6% 和 6.4% 的人认为是法律法规和司法人员配置。因此，在民族地区的法治建设中，我们可以充分发挥民族特色，加强对民族本土资源的重视和利用，并充分运用国家的政策扶持去推动民族地区的法治建设发展。

（3）在回答哪项法治建设优势最能帮助民族地区发展法治时，有35.5%的人认为是民族习惯法的本土资源，34.3%的人认为是政策扶持优势，17.6%的人认为是先发地区带动后发地区，还有6.9%和5.7%的人分别认为是发展空间广阔和移植借鉴优势。民族习惯法是在少数民族长期的生产和生活过程中逐渐形成的，其中有许多符合现代法治发展的理念，因此，对于民族习惯法我们可以采取"取其精华，去其糟粕"的做法，同时充分利用国家的政策扶持，这样可以极大地减少民族地区的法治建设发展的阻力。

（4）对民族地区司法工作感受最深的地方，有60.3%的人认为是司法工作者在司法工作中大量使用民间法，有19.8%的人认为司法工作者在司法工作中较为主观随意，有14.2%的人感觉到了诉讼的便捷，而仅有5.7%的人感觉到执行快速。公众对司法工作的满意度，是法治建设工作成功与否的评价标准之一。当前民族地区的司法工作队伍法律素质较低，工作效率低，没有真正做到"心为民所想、法为民所用、利为民所谋"。要顺利推进民族地区的法治建设进程，就要进一步提高司法工作人员的法律素质和工作效率，规范司法程序，践行"司法亲民、司法便民、司法利民"的理念。

（5）关于民族地区法治建设的劣势，有54.4%的人认为是人们的法治意识淡薄，有41.8%的人认为是文化落后、人才短缺，35.2%的人认为是经济发展落后，21.1%的人认为是行政执法不到位，还有18.2%的人认为是制度创新能力差。我国东西部的经济发展水平极其不平衡，而文化教育的发展与当地的经济发展水平息息相关，经济发展水平和教育水平落后，必然会导致人才短缺。加之文化落后地区的法治宣传不到位，这就造成了民族地区的法治建设发展水平远远落后于东部发达地区。促进民族地区的经济和文化事业协同发展，加强普法宣传，制定民族地区法律人才引进政策，对于民族地区的法治建设发展有极大的推动作用。

（6）在回答民族地区法治建设相对落后于哪方面时，有50.3%的人认为是法制宣传不到位，有40.6%的人认为是法律工作人员水平不高，40.3%的人认为是法治体系不健全，还有23.9%的人认为相关政府对法治建设不重视。由此可知，在民族地区，有关部门及其工作人员的普法工作、执法工作做得并不十分到位，有民族地区特色的法治体系不健全，加之相关政府的不重视，导致了人们的法律意识浅薄，对法治建设工作的热情与支持度不高，极大地阻碍了法治的建设进程。

（7）在对我国民族地区法治建设的总体水平进行评价时，有53.1%的人认为还行，还有很大的提升空间，有14.8%的人认为民族地区法治建设的总体水平与非民族地区差不多，仅有6.9%的人对我国民族地区法治建设的总体水平评价较高，有25.2%的人对其表示堪忧。由此说明，人们对于民族地区的法治建设事业还是有很大的信心的。民族地区的法治建设发展与东部发达地区相比，虽然还有很大的差距，但是随着国家和相关政府对民族地区法治建设工作的日益重视，加之有关政策扶持及越来越多的学者对民族地区法治建设的深入研究，民族地区的法治建设工作也在不断地推进。

（8）关于对少数民族聚居地区民族风俗习惯的看法，认为存在很多积极因素的人数占24.2%，认为过时和很有害的人数共占5.3%，而认为利弊参半的人数占70.5%，成为主流。人们对于民族风俗习惯的客观理性认识，有助于我们取其精华，去其糟粕，发展具有民族特色的法治建设事业。

（9）在未来民族地区的法治建设中，认为最需要做出努力的是促进经济与法治的协调的人数占总数的35.2%，欠发达地区的法治建设往往与经济的发展息息相关，经济与法的协调问题应是人们关注并亟待解决的关键问题。相差较小的两个方面是认为需要完善民族地区立法和加强相关人员的法治学习与创新，人数各占 23.9% 和 23.3%。更多时候人们愿意在内部与外部的联动发展中共同推进法治建设。经济是法治的基础，法治为经济保驾护航，两者相辅相成。在民族地区的法治建设中，要积极推进法治经济，让经济与法治协同发展。

（10）为进一步加强民族地区的法治建设，我们还要从社会哪些方面做一些配套改进？文化教育是 64.5% 的人选择的首要问题；选择科技发展、媒体舆论和医疗卫生的人数各占 29.6%、28.6%、24.5% 的比例。由此可见，普法教育是人们关心的重中之重，也是缺失所在。在法治建设中要积极宣传法律，开展法律进校园、进课堂等活动，并在社会中营造法治氛围，促使全民学法。

（11）根据调查结果显示，参与本次问卷调查的人员在各个年龄层的都有，其中分布在 25 岁至 40 岁之间和 40 岁至 60 岁之间分别占总人数的 34.9% 和 33%，年龄在 25 岁以下和 60 岁以上的人群分别为 29.2% 和 2.8%。可以看出，调查人员年龄分布合理。

（12）调查者中，学历在大学本科、硕士及以上层次的较多，各自占比 33% 和 28.9%，专科、高中及以下学历的人群占比分别为 19.8% 和 18.2%，调查人员中认知水平覆盖全面，能够较为客观地反映数据的真实性。

八、调查总结

通过调查发现，现阶段民族地区法治建设存在一系列问题，包括居民法治意识淡薄、地方执法力度不够、法治建设水平总体低下等问题，但在调研结果中同时也发现了民族地区法治建设的后发优势，即民族地区的习惯法基础、民族特色和政策优惠。习惯法是民族地区居民长期生活总结出来的规则体系，习惯法在少数民族居民心中有重要地位，对于促进民族地区的法治建设有着重要的作用。在进行民族地区法治建设中，我们要发挥民族习惯法的作用，对民族习惯法进行理性筛选，将其中有利于法治建设的内容吸收，摒弃落后的、不符合现代社会发展需求的内容。受调查者中有 57.6% 的人认为民族特色是民族地区法治建设与普通地区法治建设的最大区别。能歌善舞和丰富的传统民族文化是少数民族的特点，我们在进行法治建设中，要积极利用歌舞等形式进行法律宣传，使法律更贴近少数民族的生活，更易于被人们所接受。政策优惠是国家对民族地区的特殊照顾，有 34.3% 的人认为政策扶持是最能帮助民族地区发展法治的优势，仅次于民族习惯法。因此，我们在进行民族地区法治建设时，也要充分利用国家政策扶持这一有利条件来推进法治建设进程。

附录2　关于民族地区法治建设后发优势的调查问卷

您好!

我们是广西师范大学法学院的师生、广西地方法治与地方治理研究中心的工作人员,正在进行一项关于民族地区法治建设情况的调查,请您在忙碌的学习、工作、生活中抽出一点时间,填写这张问卷,感谢您的支持和合作!(如无补充说明,均为单选题。)

1. 您对民族地区的法治状况有所了解吗?(　　)

A 完全不清楚　B 了解一点　　C 基本了解　　D 十分熟悉

2. 您认为民族地区法治建设与普通地区的法治建设最大的区别是哪一方面?(　　)

A 政策优惠　　　　　　B 民族特色

C 法律法规　　　　　　D 司法人员配置

3. 您认为下列少数民族特有的哪一项法治建设优势是最能帮助该地区发展法治的?(　　)

A 民族习惯法等本土资源丰富　B 先发地区带动后发地区

C 发展空间广阔　　　　D 政策扶持优势

E 移植借鉴优势

4. 您对民族地区的司法工作感受最深的是哪一方面?(　　)

A 主观随意　　　　　　B 诉讼便捷

C 执行快速　　　　　　D 大量适用民间法

5. 您认为民族地区法治建设的劣势在哪几个方面?(　　)

A 文化落后、缺人才　　　　　　B 人们法治意识淡薄

C 经济发展落后　　　　　　　　D 行政执法不到位

E 制度创新能力差

6. 您认为民族地区法治建设相对落后体现于哪些方面？
（　　　）

A 法律工作人员水平不高　　　　B 法制宣传教育不到位

C 法治体系不健全　　　　　　　D 相关政府对法治不重视

7. 您认为当前我国民族地区法治建设的总体水平是？（　　　）

A 比较高　　　　　　　　　　　B 还好

C 与非民族地区差不多　　　　　D 堪忧

8. 您对民族风俗习惯的基本看法是：（　　　）

A 过时了　　　　　　　　　　　B 很有害

C 利弊参半　　　　　　　　　　D 积极因素很多

9. 对于民族地区的法治建设，您认为最需要从哪一方面做出
努力？（　　　）

A 加强政府督导与自我监督

B 加强相关人员的法治学习和创新

C 促进经济与法治的协调推进

D 完善民族区域立法

10. 为促进民族地区的法治建设，您认为还需要在社会哪些
方面做出配套改进？（　　　）

A 文化教育　　　　　　　　　　B 科技发展

C 媒体舆论　　　　　　　　　　D 发展医疗卫生

11. 您的年龄在（　　　）

A 25 岁以下　　　　　　　　　 B 25～40 岁

C 40～60 岁　　　　　　　　　 D 60 岁以上

12. 您的学历程度是（　　　）

A 高中及以下　　　　　　　　　B 专科

C 大学本科　　　　　　　　　　D 硕士研究生及以上

附录3　关于民族地区法治建设
后发优势的调查问卷数据图表

问题1：您对民族地区的法治状况有所了解吗？（回复情况见附图3.1与附表3.1）

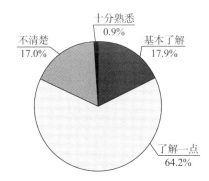

附图3.1　广西社会公众对民族地区法治状况的了解情况

附表3.1　广西社会公众对民族地区法治状况了解程度的回复情况

选项	选择人数（人）
A 完全不清楚	54
B 了解一点	204
C 基本了解	57
D 十分熟悉	3

问题2：您认为民族地区法治建设与普通地区的法治建设最大的区别是哪一方面？（回复情况见附图3.2和附表3.2）

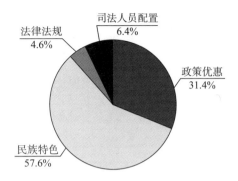

附图 3.2 民族地区与普通地区的法治建设的区别

附表 3.2 广西社会公众对民族地区与普通地区法治建设区别的回复情况

选项	选择人数（人）
A 政策优惠	103
B 民族特色	189
C 法律法规	15
D 司法人员配置	21

问题 3：您认为下列少数民族地区特有的哪一项法治建设优势是最能帮助该地区发展法治的？（回复情况见附图 3.3 和附表 3.3）

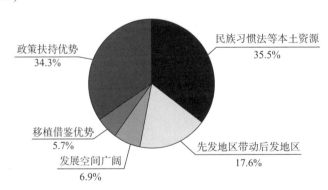

附图 3.3 民族地区特有的法治建设优势

附表 3.3　广西社会公众对最能帮助该地区发展的
民族特有法治建设优势回复情况

选项	选择人数（人）
A 民族习惯法等本土资源丰富	113
B 先发地区带动后发地区	56
C 发展空间广阔	22
D 政策扶持优势	109
E 移植借鉴优势	18

问题 4：您对民族地区的司法工作感受最深的是哪一方面？
（回复情况见附图 3.4 和附表 3.4）

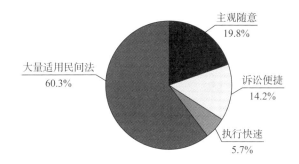

附图 3.4　广西社会公众对民族地区司法工作的感受

附表 3.4　广西社会公众对民族地区司法工作的感受回复情况

选项	选择人数（人）
A 主观随意	63
B 诉讼便捷	45
C 执行快速	18
D 大量适用民间法	192

问题 5：您认为民族地区法治建设的劣势在哪里？（多选）
（回复情况见附图 3.5 和附表 3.5）

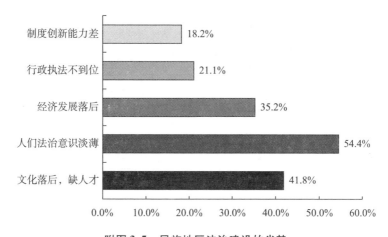

附图3.5 民族地区法治建设的劣势

附表3.5 广西社会公众对民族地区法治建设劣势的回复情况

选项	选择人数（人）
A 文化落后、缺人才	133
B 人们法治意识淡薄	173
C 经济发展落后	112
D 行政执法不到位	67
E 制度创新能力差	58

问题6：您认为民族地区法治建设相对落后于哪方面？（多选）（回复情况见附图3.6和附表3.6）

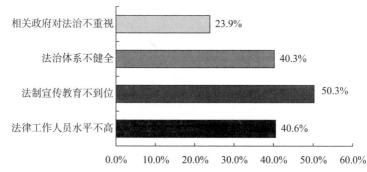

附图3.6 广西社会公众对民族地区相对落后的法治建设回复情况

附表 **3.6**　广西社会公众对少数民族地区相对落后的法治建设回复情况

选项	选择人数（人）
A 法律工作人员水平不高	129
B 法制宣传教育不到位	160
C 法治体系不健全	128
D 相关政府对法治不重视	76

问题 7：您认为当前我国民族地区法治建设的总体水平是怎样的？（回复情况见附图 3.7 和附表 3.7）

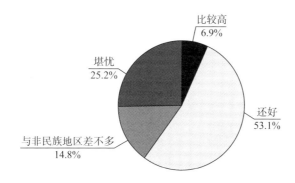

附图 **3.7**　广西社会公众对我国民族地区法治建设总体水平的态度

附表 **3.7**　广西社会公众对我国民族地区法治建设
总体水平的态度回复情况

选项	选择人数（人）
A 比较高	22
B 还好	169
C 与普通地区差不多	47
D 堪忧	80

问题 8：您对民族风俗习惯的基本看法是什么？（回复情况见附图 3.8 和附表 3.8）

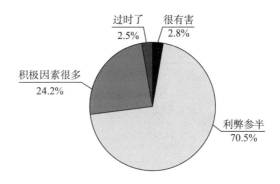

附图3.8　广西社会公众对民族风俗的看法

附表3.8　广西社会公众对民族风俗习惯的基本看法

选项	选择人数（人）
A 过时了	8
B 很有害	9
C 利弊参半	224
D 积极因素很多	77

问题9：对于民族地区的法治建设，您认为最需要从哪一方面做出努力？（回复情况见附图3.9和附表3.9）

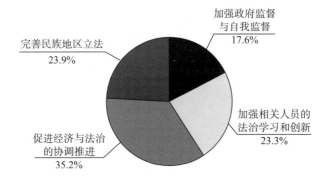

附图3.9　广西社会公众对需投入努力的民族地区法治建设的看法

附表 3.9　广西社会公众对需投入努力的
民族地区法治建设的看法

选项	选择人数（人）
A 加强政府督导与自我监督	56
B 加强相关人员的法治学习和创新	74
C 促进经济与法治的协调推进	112
D 完善民族区域立法	76

问题 10：为促进民族地区的法治建设，您认为还需要在社会哪些方面做出配套改进？（多选）（回复情况见附图 3.10 和附表 3.10）

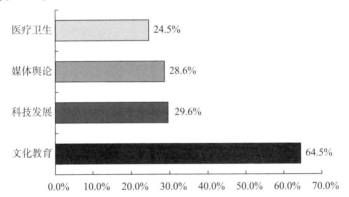

附图 3.10　广西社会公众对为促进民族地区法治建设需改进领域的回复情况

附表 3.10　广西社会公众对为促进民族地区
法治建设需改进领域的回复情况

选项	选择人数（人）
A 文化教育	205
B 科技发展	94
C 媒体舆论	91
D 医疗卫生	78

问题 11. 您的年龄在什么范围？（回复情况见附图 3.11 和附表 3.11）

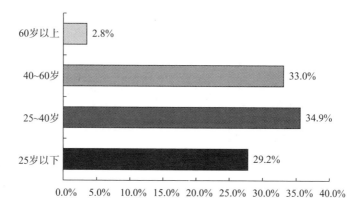

附图 3.11　调查对象年龄分布

附表 3.11　调查对象年龄分布情况

选项	选择人数（人）
A 60 岁以上	9
B 40 ~ 60 岁	105
C 25 ~ 40 岁	111
D 25 岁以下	93

问题 12. 您的学历程度是什么？（回复情况见附图 3.12 和附表 3.12）

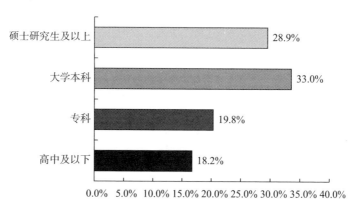

附图 3.12　调查对象学历分布

附表 3.12　调查对象学历分布情况

选项	选择人数（人）
A 硕士研究生及以上	92
B 大学本科	105
C 专科	63
D 高中及以下	58

附录4　恭城瑶族自治县民族
习惯法使用情况调查

一、调查目的

各民族在千百年的发展历程中，形成的惯例习俗、思想观念迥异，产生了各自进行法治建设的后发优势和劣势。此次调研立足于民族习惯法与国家法的对比，以桂林市恭城瑶族自治县为考察点，采取实地考察、文献分析、问卷调查相结合的调研方式，综合法学与民族学、社会学的相关理念，以点带面，总结分析民族习惯法与国家法的关系表现及原因，并根据国家法的基本精神提出行之有效的解决方法。希望通过此次调研的成果，能够为民族地区的法治建设提供帮助，促进我国的法制统一进程以及社会和谐发展。

二、调研方法

2018 年 8 月 25 日至 8 月 28 日，5 名课题组成员依次走访了恭城瑶族自治县县城、莲花镇、三江乡等三个主要乡镇进行调查。我们主要采取问卷调查法与访谈法相结合的形式，辅之以实地考察法，对恭城瑶族自治县主要走访地区进行全面而深入的调研，所得数据真实有效。对村民及工作人员的问卷调查，以及对年长而有威望的村民、经验丰富的司法工作者、专门研究恭城瑶族文化的学者的访谈，为我们的调研增加了科学性。

三、调研基本情况

本次实地调研在主要走访的三个乡镇，分别对普通村民和地方基层工作人员发放问卷和交流访谈。在问卷调查中，共计回收有效问卷 217 份，其中回收工作人员问卷 62 份，回收村民问卷 155 份。针对普通村民，笔者设计了两份难度系数不同的问卷，分别发给经济水平相对较低的三江乡和经济水平相对较高的莲花镇。其中，三江乡共计回收有效问卷 67 份，莲花镇共计回收有效问卷 88 份。对于访谈，笔者主要采访了各村落的村干部和年长的瑶族居民、基层法院的司法工作人员、派出所的工作人员、地方政府人民调解处的工作人员、恭城瑶族自治县民族事务管理局和恭城瑶族研究学会的工作人员。

（一）朗山村调研的基本情况

莲花镇朗山古村因背靠朗山而得名，其中的瑶族古民居建于清朝光绪八年（1882），距今已有 138 年的历史，村中 80% 以上的居民为瑶族。目前，瑶族古民居中仍然居住着不少年长的瑶民，我们重点采访了一位年长的妇女。在朗山村，笔者还发放、回收了 17 份调查问卷。

（二）门等村调研的基本情况

莲花镇门等村是广西生态文明建设示范村，村中 75% 以上的居民为瑶族人，村中诸如污水处理工程、村民活动中心、村图书馆等基础设施相当完善，村中还设有恭城瑶族自治县人民法院旅游巡回法庭（法官服务站）。笔者主要采访了该村的普法中心户和一位村中颇有威望的老人，在当地发放、回收问卷共 26 份。

（三）凤岩村调研的基本情况

莲花镇凤岩村同样保存有相当完好的瑶族古民居，村中 78%

以上的居民为瑶族。该村经济相对落后，交通闭塞。笔者主要采访了该村村主任，并向村民发放、回收问卷共 24 份。

（四）三江乡调研的基本情况

恭城瑶族自治县三江乡地处恭城东部花山，北靠湖南江永，东连广西富川，南接广西钟山，是个典型的农业乡。全乡总面积 296 平方公里，辖 10 个行政村，114 个村民小组。2008 年年末总人口 13700 人，其中 98.5% 为瑶族，是典型的山地瑶聚居地。① 笔者采访了乡政府的村民调解机关的两位工作人员，对村民发放并回收问卷共 67 份，对当地乡政府工作人员及派出所工作人员发放、回收问卷共 7 份。

四、具体调研情况

（一）婚姻家庭方面

通过走访恭城瑶族自治县三江乡、莲花镇的门等村与朗山村等地，对 152 名村民发放了调查问卷以及对 62 名工作人员进行了访谈和发放问卷，从数据中能够看出，瑶族习惯法与国家法冲突重点在于婚姻家庭习惯上的冲突。瑶族婚姻家庭习惯与国家法的差异主要体现在以下方面。

1. 婚姻习俗与国家法存在一定冲突

（1）恭城瑶族"入赘婚"的存在形式。

"入赘婚"习俗在瑶族主要有两种形式——"全赘婚"和"半赘婚"。全赘婚，指男方永远到女方家生活，永不归宗，男随女姓，在结婚时女方父母要付给男方父母"身价钱"，同时要订立字据，这样男方就与亲生父母脱离了关系，婚后对亲生父母没

---

① 恭城瑶族自治县人民政府. 走进恭城 ［EB/OL］. (2019 – 12 – 04). http：//www. gongcheng. gov. cn/zjgc/.

有赡养义务，同时也丧失了原有家庭财产的继承权，因此此婚又称"买断婚"。半赘婚，即半入赘，男方可以不改姓氏，男方在为女方家父母养老送终后可以携妻带小返回原籍。

（2）恭城瑶族婚姻的现状。

从附图4.1的数据可以看出，恭城瑶族依旧存在"入赘婚"的习俗。同时，通过在恭城的走访，笔者得知瑶族大多"入赘婚"是以"半赘婚"的形式存在。通过对村民的访谈，了解到如今还存在少量的"全赘婚"。据门等村的村民介绍，如果男方家里贫穷且有许多儿子，而女方家里富有但只有一个女儿，男方为了减轻娶亲彩礼的负担，女方家里迫切需要成年男子的劳动力，在这种情况下较容易形成"全赘婚"。

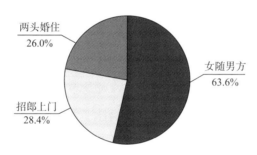

附图4.1　莲花镇村民对婚姻形式的选择情况

虽然如今的"全赘婚"有了新的形式，但是其在本质上并没有脱离以往"买卖婚"的实质，这与我国婚姻法关于禁止买卖婚姻的精神相违背，体现了瑶族婚姻家庭习惯法的局限性与落后性，不符合现今婚姻家庭的发展潮流。

2. 瑶族家庭财产继承与父母赡养习惯法同国家法存在差异

通过对恭城瑶族村民发放的调查问卷和实地访谈，可以发现瑶族婚姻家庭习惯法与国家法在家庭财产继承和父母赡养上存在较大的差异。

（1）恭城瑶族家庭财产的继承与国家法存在冲突。

从附图4.2、附图4.3可以看出，在出嫁的女儿与入赘的儿子是否具备财产继承资格的问题上，认为他们具备财产继承资格的村民人数不超过总数的52%。由于填写调查问卷的三江乡与莲花镇的村民文化程度差异较大，因此，在出嫁的女儿与入赘的儿子在是否具备财产继承资格的问题上，两地存在着不同的看法。通过走访和调查发现，总体而言，恭城瑶族出嫁的女儿与入赘的儿子财产继承的权利往往难以得到保障。

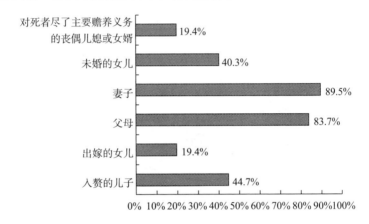

附图4.2　三江乡村民选择具备继承财产资格的人的情况

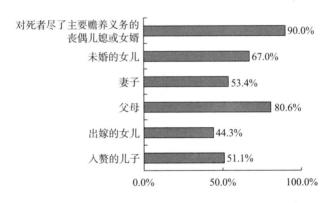

附图4.3　莲花镇村民选择具备继承财产资格的人的情况

（2）赡养老人习俗与国家法存在一定的冲突。

根据附图4.4与附图4.5显示，在是否对父母有赡养扶助义务的问题上，三江乡与莲花镇大多数村民赞成成年的儿子和入赘的女婿对老人具有赡养扶助义务，但是认为出嫁的女儿和入赘的儿子具有赡养扶助老人义务的村民较少，不超过参与调查问卷总人数的50%。由此我们可以看出，恭城瑶族习惯法在父母赡养问题上，与我国现有立法规定存在一定的差距。

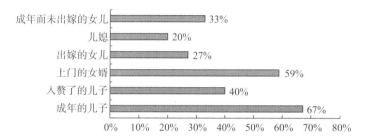

附图4.4　三江乡村民选择对父母有赡养扶助义务的人的情况

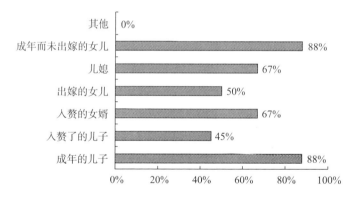

附图4.5　莲花镇村民选择对父母有赡养扶助义务的人的情况

（二）社会治安方面

恭城瑶族的社会治安处罚习惯往往通过村规民约来规定，在这次调研中，笔者除了在恭城的莲花镇、三江乡了解其村规民约，还通过走访和发放调查问卷的方式对恭城瑶族习惯法进行了解。在工作人员填写的调查问卷中（数据详见附图4.6），24.2%的工作人员认为，在社会治安方面，瑶族习惯法与国家法的差异体现在治安处罚对象不同；11.3%的工作人员认为，冲突主要体现在实施治安的处罚者不同；还有 17.7% 的工作人员认为，冲突主要体现在治安处罚依据的不同；有 48.8% 的工作人员认为，处罚内容上的冲突明显。我们在此可以总结出，恭城瑶族社会治安习惯法与国家法的差异主要体现在治安处罚的对象不同、实施治安处罚者不同、治安处罚依据不同及治安处罚内容不同。

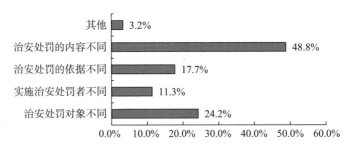

附图 4.6　工作人员对社会治安方面瑶族习惯法与国家法差异的选择

1. 治安处罚对象不同

恭城瑶族习惯法在治安处罚对象上与国家法存在很大的冲突。在调研过程中我们了解到，朗山村在治安管理上对村规民约做出了如下规定："第一条：任何人不得以任何理由在我村寻衅滋事。如有违者交由公安机关处理，并处以罚款 100～200 元；第二条：不准任何人在我村有偷盗行为，如有违者处以 200～300 元的罚款，情节严重的交由公安机关处理。"凤岩自然村为优化环境，在公约中做出如下规定："禁止捕捞塘中各种鱼类；禁止乱丢垃圾……禁止晚上 10 点钟后高声喧哗。违者罚款两千元。"这些处罚虽然未对老人及小孩的处罚是否应一视同仁做出说明，但在我们的调查问卷中（数据详见附图 4.7），57.9% 的村民都表示会一视同仁，仅有 10.4% 的村民表示会区别对待，这显然与国家法律根据年龄不同对违反社会治安的人区别处罚存在明显冲突。

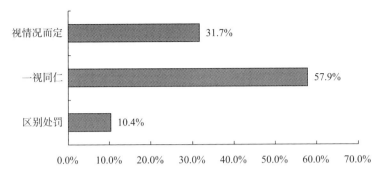

視情況而定　31.7%

一視同仁　57.9%

區別處罰　10.4%

0.0%　10.0%　20.0%　30.0%　40.0%　50.0%　60.0%　70.0%

附图4.7　村民对是否区别对待不同违法违规者的选择情况

2. 实施治安处罚者不同

恭城瑶族习惯法在实施治安处罚者上与国家法律存在冲突。在走访调查中，笔者了解到村规民约一般由村委会制定。大多数村规民约都对罚款进行了规定，罚款在传统习惯法和当代村规民约中条文数量最多，针对偷盗农副产品、家畜破坏生产、毁林开荒等行为一般都用罚款来规制，有的村规民约甚至几乎每条都有罚款的规定。在村中发生纠纷后，多数村民选择按照村规民约找村干部、居委会进行调解，一般由村委会对一些违反村规民约的行为做出处罚。虽然用罚款来约束村民的行为起到了一定的社会效果，对维护社会治安、稳定乡村秩序有积极作用，但这种惩罚方式实际上是与国家法相违背的。实施处罚的主体村委会显然与国家法中要求的特定主体不符。

3. 治安处罚依据不同

恭城瑶族习惯法的治安处罚与国家法存在很大出入，从问卷调查可以了解到（数据详见附图4.8），面对纠纷，44.8%的村民会选择按照村规民约解决，29.8%的村民倾向于寻求村干部或政府部门的帮助。在对一些村干部的访谈中，得知村民发生纠纷寻求村委会调解时，村委会大多是按照村规民约进行调解和处罚的。凤岩自然村为优化岩头公约做出了如下规定："禁止捕捞塘中各种鱼类；禁止乱丢垃圾；禁止随地大小便；禁止破换树木；

禁止晚上 10 点钟后高声喧哗。违者罚款两千元。"违者罚款两千元"的处罚与国家法律规定存在着一定的冲突。

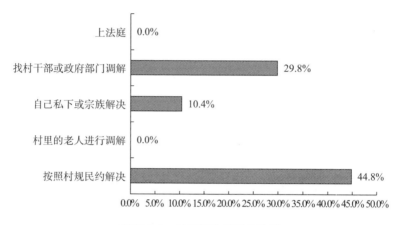

附图 4.8　村民解决纠纷的途径

4. 治安处罚内容不同

恭城瑶族习惯法与国家法的差异还体现在治安处罚内容方面，国家法不仅保护公民的人身财产权益，而且还保护公民的人格尊严和人身自由权利。然而，恭城瑶族的村规民约中只注重保护族民的财产和人身安全，如三江乡牛尾寨屯村的村民文明公约规定："不要惹是生非，影响团结；不要寻衅滋事，打架斗殴；不要粗言秽语，贩黄聚赌。"朗山村村规民约第 3 条规定："不准聚众赌博损害他人利益。"这些村规民约都只保护公民的财产和人身安全，而在人格尊严和人身自由方面却未有规定。同时，国家法中对违反社会治安行为的惩罚与教育相结合原则，在这些村规民约中并未体现。这与国家法存在较大的差异。

（三）农业生产方面

在长期的生产活动中，瑶族人民有着团结互助的优良传统。恭城瑶族也不例外，尤其是在农业生产中互相帮助。恭城瑶族生产力相对落后，为了保障正常的生产秩序和保护劳动果实，恭城瑶族人民制定了一套农业生产习惯法。如今，恭城瑶族的多数农

业生产习惯法已逐渐与国家法一致，但个别也仍存在与国家法
不同。

1. 农业生产解决纠纷的手段不同

针对农业生产中的纠纷解决问题，从三江乡的调查问卷可以
看出（数据详见附图 4.9），有 50.7% 的村民表示，他们是私下
通过协商解决农业生产纠纷的，49.3% 的村民表示，他们会找相
关的工作人员进行调解。由此可见，大多数村民更愿意用习惯法
来解决农业生产中的纠纷。

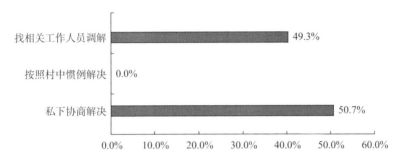

附图 4.9　三江乡村民对于其农业生产方面发生纠纷时选择的解决方式

恭城瑶族习惯法普遍运用调解方式来解决纠纷，简单易行，
且时间短、成本低、效率高。它依据的是双方当事人对于调解者
的敬畏和尊重，这种处理方式不会伤及熟人社会的情感，容易为
社会成员所接受。但如果依据国家法诉至法院，即使是最终赢得
诉讼，其也可能会遭到对方当事人的报复或村里人的相互排挤。
因此，在这种情况下，恭城瑶人通常都会适用本民族地区的习惯
法来处理问题和解决纠纷，尽量规避国家制定法。

2. 生产生活资料冲突

（1）狩猎分配习惯法。

恭城瑶族的一些瑶山仍处在封闭的山区，交通闭塞，生产资
料匮乏，但瑶山深处的自然环境保护得较好，野生动物常聚居于
此，因此，狩猎往往是瑶族人生存的主要方式之一，其遵循"上
山狩猎，人人有份"的习惯，甚至过路者也可分得一份。恭城瑶

族认为，野兽不是私养的，而是神灵赠予的，应人人有份。在此之下，国家保护的野生动物不可避免地会被猎捕。

从对工作人员的问卷调查中可以看出（数据详见附图4.10），30.6%的工作人员表示恭城瑶族还存在猎杀和买卖国家保护野生动物的行为，48.4%的工作人员表示不存在，还有21.0%的工作人员表示不清楚。可以肯定的是，恭城瑶族自治县仍存在猎杀和买卖野生动物的行为。这就难以保证当地人不会捕猎到国家保护的野生动物，而容易出现违法的行为。

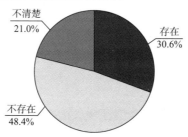

附图4.10　工作人员对于恭城是否还存在猎杀
和买卖野生动物的行为的调查

（2）农田分配。

在调研中，莲花镇58%的村民表示现在的农田分配方式是由政府划分，42%的村民表示是祖辈传承（数据详见附图4.11）；三江乡49.3%的村民表示是由政府划分，50.7%的村民表示是由祖辈传承（数据详见附图4.12）。所有村民都表示，家中的农田和房屋都经由政府登记，这一点已符合国家要求。

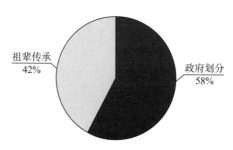

附图4.11　莲花镇农田分配方式

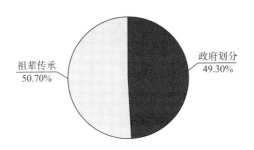

附图 **4.12**　三江乡农田分配方式

3. 草标占有物

在传统的瑶族习惯法中，有一项制度叫做草标制度，即对于自然物（包括田地），发现者可用打好结的草标作为记号留下，说明此物已有人发现，以示占有；先来者优先占有，后来者不能抢占先来者的所得，这实际上就是标示物权所有的一种制度。

由这次调研可以看出，莲花镇的几个村落距离恭城瑶族自治县县城较近，发展程度较好，73.9%的村民表示已经没有结草标的制度，26.1%的村民表示不清楚。而在相对偏远的三江乡（数据详见附图 4.13），还有 2.9%的村民表示偶尔还会使用这一传统制度表示占有。由此可见，在物权取得制度中，瑶族的习惯法已逐渐向国家法靠拢，其冲突性也在快速减少。

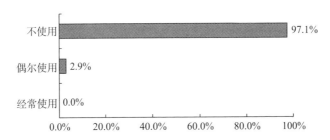

附图 **4.13**　三江乡村民使用结草标表示占有某物的情况

（四）丧葬禁忌方面

从附表 4.1 可知，在丧葬方面恭城瑶族与国家所倡导的丧葬要求在方式、程序和墓地选址上有着一定的区别，51.7%的人认为丧葬方式不同，21.7%的人认为丧葬程序不同，16.6%的人认为丧葬墓地不同。基于此情况，我们将分别对瑶族丧葬的方式、程序以及墓地选址与国家法的冲突进行分析。

附表 4.1　恭城瑶族丧葬与国家倡导丧葬的区别

恭城瑶族丧葬与国家倡导丧葬的区别	人数（人）	占总人数的百分比（%）
丧葬方式不同	31	51.7
丧葬程序不同	13	21.7
丧葬墓地不同	10	16.6
其他	6	10
总计	60	

1. 丧葬方式不同

1997 年 7 月中华人民共和国国务院令第 225 号发布了《殡葬管理条例》。2012 年最新修订的《殡葬管理条例》在第 4 条规定："人口稠密、耕地较少、交通方便的地区，应当实行火葬。"我们在恭城瑶族自治县的调研中发现，在恭城瑶族中，绝大部分的人依旧实行土葬。在回收的问卷中，155 位村民的选择全部是土葬，62 位工作人员在这道多选题中，有 92%的人选择土葬的方式。（数据详见附表 4.2、附图 4.14）

附表 4.2　村民关于丧葬方式的选择情况

丧葬的方式	人数（人）	占总数的百分比（%）
土葬	155	100
火葬	0	0
岩葬	0	0
挂藏	0	0
其他	0	0
总计	155	

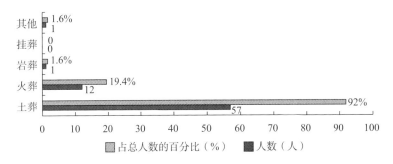

附图4.14　工作人员关于丧葬方式的选择情况

　　究其原因，选择土葬可能是因为：第一，中国传统文化存在"入土为安"的观念，在此影响下，访谈中的村民均不约而同地选择了土葬方式。第二，由于村中年轻一辈很多都出去打工，在家的中老年人大多不知道国家在倡导全国实行火葬，所以一直坚持土葬的丧葬方式。第三，由于国家还允许少数民族保留自己的丧葬方式，所以政府在火葬方面的宣传很少。第四，恭城瑶族正在不断发展的过程中，殡葬设施匮乏，所以难以推行火葬。通过附表4.3可知，43.6%的工作人员认为殡葬设施有待加强，30.6%的工作人员认为殡葬设施欠缺颇多。在三江乡的调查中（数据详见附表4.4），80.6%村民表示不会去殡仪馆办理丧事，只有19.4%的人表示可能会去殡仪馆办理丧事。

附表4.3　工作人员对恭城各地殡葬设施的评价情况

恭城各地的殡葬设施建设完善情况	人数（人）	占总人数的百分比（%）
基本完善	16	25.8
有待加强	27	43.6
欠缺颇多	19	30.6
总计	62	

附表4.4　三江村民对通过殡仪馆办事丧事的选择情况

是否会通过殡仪馆办理丧事	人数（人）	占总人数的百分比（%）
大部分会	0	0.0
少部分会	13	19.4
不会	54	80.6
总计	67	

《殡葬管理条例》第6条指出："尊重少数民族的丧葬习俗；自愿改革丧葬习俗的，他人不得干涉。"第4条指出："暂不具备条件实行火葬的地区，允许土葬。"就此来看，瑶族的丧葬方式似乎与国家法没有冲突。但应该看到的是，土葬的方式是造成墓地冲突的重要原因，在《殡葬管理条例》中亦指出，区域内现有的坟墓，除受国家保护的具有历史、艺术、科学价值的墓地予以保留外，应当限期迁移或者深埋，不留坟头。如果现在不重视土葬问题，那么在未来恭城瑶族自治县旅游村发展起来时，土葬问题将成为难以解决的问题。为此，当地政府应从现在开始，改革土葬，让村民逐步接受火葬，为未来的发展打下坚实的基础。

2. 丧葬墓地冲突

《殡葬管理条例》第9条指出："农村的公益性墓地不得对村民以外的其他人员提供墓穴用地。禁止建立或者恢复宗族墓地。"同时在第10条亦指出，禁止在耕地、林地、城市公园、风景名胜区、文物保护区、水库及河流堤坝、附近和水源保护区、铁路公路主干线两侧等地区建造坟墓。在调研中我们发现，恭城瑶族自治县在国家禁止建坟的地区仍存在坟墓修建的现象。通过对村民进行访谈，了解到有些村民非常重视风水问题，在选择墓地时没有避开这些地方，符合风水要求就葬。有位阿姨告诉我们，有人因为风水问题，还跟村里人通过以地换地的方式获得所谓的风水宝地。在询问的过程中，我们还了解到很多村民知道有一片区域是用作墓地使用，这片区域一般在村后的山那里，但是这个规划墓地区域在有些人眼里就是便宜的、不需要的地方，他们没有打算要把墓地修建在那里，而宁愿选择修建在"风水较好"的国家禁止建坟区域内。我们通过调研还发现，村民之所以在这些禁止的地方修建墓地，除了上述原因以外，还有政府没有通过强有力的宣传让村民真正意识到墓地只能修建在指定的区域内，也没有对那些违规建坟的人进行劝导和制止。从下图三江乡 67 位村民对墓地选址的调查中可以看出，27 个人选择了耕地，13 个人选择了林地（数据详见附图 4.15）。

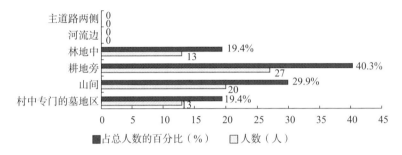

附图 4.15　三江乡村民对墓地选址的选择情况（多选）

3. 丧葬程序不同

由于恭城瑶族普遍使用土葬的丧葬方式，这就造成繁杂丧葬程序的存在。我们从三江乡村民的口中得知，丧事办理一般都请师公来主持。从恭城瑶族自治县民族办提供的"三江伸瑶丧葬习俗调查"资料可以得知，瑶族从入殓到守孝都有一套讲究，比如要把茶叶、烟杆、毛巾等日常用品放在死者手边，同时还要焚烧死者的物品和纸钱等。在调查中，72.6% 的工作人员认为所在地基本符合国家文明节俭办丧事的要求（数据详见附表 4.5）。莲花镇 53.4% 的村民认为现在的丧事事宜较为简单方便，30.7% 的村民认为其丧事办理繁杂且耗时（数据详见附表 4.6）。总之，恭城瑶族在丧事办理上，虽然从整体而言没有以前隆重，但是仍与国家倡导的文明节俭办丧事的要求存在差距。

附表 4.5　工作人员对当地办丧事的评价情况

是否符合文明节俭要求	人数（人）	占总人数的百分比（%）
大多基本符合	45	72.6
一般不符合	8	12.9
不清楚	9	14.5
总计	62	

附表 4.6　莲花镇村民对本地丧葬习俗的看法

对本地的丧葬习俗的看法	人数（人）	占总人数的百分比（%）
程序简易方便	47	53.4
程序繁杂且耗时间	27	30.7
不清楚	14	15.9
总计	88	

五、国家法与习惯法差异产生的原因

（一）国家法的普遍适应性、抽象性与习惯法的独特性

我国由多民族组成，疆域辽阔，人口分布复杂，这使得国家难以完全兼顾所有的利益，制定出一部能在各方面均普遍适用的法律。恭城瑶族地区有其特殊性所在，恭城瑶族习惯法符合恭城人民价值认同，体现恭城人民意志，是在长期的生产和实践中发展形成的。在此之下，国家法与习惯法在实施过程中容易产生冲突。

例如，村民惩治偷盗者时，多以村规民约为惩罚依据，而非以国家法律为依据。恭城瑶族习惯法是世代相传的"活法"，其更多从恭城瑶族的特殊需求出发，从而更有助于解决恭城瑶族之间的纠纷。在调查问卷中（数据详见附图 4.16），78.4% 的村民认为，当地的习惯法基本可以有效地解决各类纠纷并实现民族地

区的安稳。

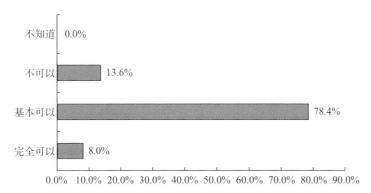

附图 **4. 16**　村民对当地习惯法在解决纠纷维护地区稳定作用的看法

（二）国家法律效力的局限性

我国法治建设虽取得重大成就，但仍存在着自身的缺陷和漏洞。经济落后的边远山区法律普及率较低，当地居民对国家法律的了解少之又少。在调查问卷中（数据详见附图 4. 17、附图 4. 18），莲花镇 86. 4% 的村民认为国家法律的影响大于村规民约，而三江乡仅有 10. 4% 的村民认为国家法律影响大于村规民约。通过较为落后的三江乡和相对发达的莲花镇村民调查问卷的对比，不难看出，法律普及率与法律效力密切相关，普法教育工作势在必行。

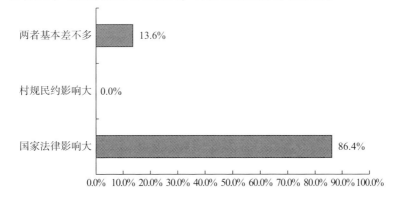

附图 **4. 17**　莲花镇国家法律、村规民约或习惯法的影响力情况

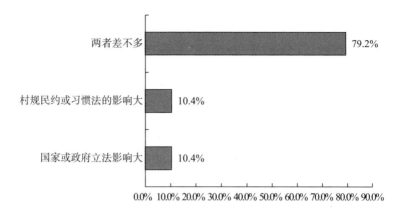

附图4.18 三江乡国家法律、村规民约或习惯法的影响力情况

（三）国家法律操作的相对繁杂性与高成本

我国的法律程序较为繁琐，如果严格按照法律规定的条件和程序适用，成本费用高，需要投入较高的人力、物力、财力。而部分村民的文化水平有限，对司法诉讼程序的理解较为局限，因此，他们更喜欢通过协商的方式来化解双方的纠纷。比起通过正规的法律渠道解决纠纷，这种简单易行、时间短、成本低、效率高的方式更符合当地人们的需求。以恭城瑶民解决纠纷的方式为例，瑶民们多数选择通过私下协商或依据民俗习惯来解决纠纷，而非通过对簿公堂的形式，这在很大程度上导致国家法执行力的丧失。

在访谈过程中了解到恭城瑶族大多喜欢通过协商来化解双方的纠纷，在调查问卷中（数据详见附图4.19），没有村民选择通过上法庭的方式解决纠纷，34.7%的村民认为上法庭成本费用高，还有65.3%的村民认为没有必要。这反映了恭城瑶族生性淳朴、友善和平的特点。

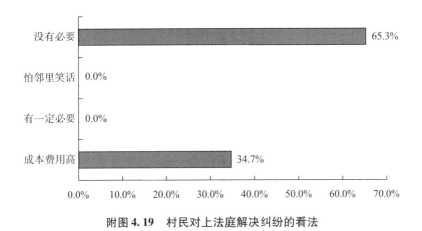

附图 4.19　村民对上法庭解决纠纷的看法

（四）国家法注重建构理性秩序，而习惯法注重人情社会

中国自古以来是讲究人情的社会，而自古流传下来的瑶族习惯法具有一定的"情理法"色彩。瑶族习惯法更看重传统礼俗，强调礼治德治、礼法相融。而中国的法律经过了长期的改革，具有了更高的地位，同时从整体上走向法治社会。法律文化的差异，必然会导致习惯法与国家法间的冲突。此诚如高其才先生所认为的，习惯法在瑶人社会具有举足轻重的地位。

（五）基层政府对国家法制宣传方式有待提升

一些村委会、乡政府乃至县政府，仅仅以宣传栏、宣传册的方式宣传国家法，这些方式虽然投入了大量的人力、物力、财力，但事实上收效甚微。究其原因，主要在于宣传栏和宣传册的内容过于单一，长篇大论的国家政策与法律，基本吸引不了人观看。再者，有不少农村在国家法宣传方面力度小，宣传栏常年不换，甚至至今还在宣传"独生子女"的法律、政策。而在某些乡镇，派出所和法庭甚至无人值班，法制宣传日也仅是在门口摆上桌椅，放置宣传册而已。

（六）社会经济发展与基础设施落后，严重制约当地法制宣传与法律推行

恭城瑶族当地的交通、教育、社会公共服务等基础设施不够完善，既阻碍民族地区社会经济发展，也不利于民族地区法治建设的推进。例如，火葬无法在民族地区得到普遍推行的原因在于，地方殡葬设施不够完善，当地居民表示不知道哪里有殡仪馆。因此，只有着力加大民族地区的基础设施建设，才能推进民族地区的法治建设进程。

六、结论

通过上述的分析可知，只有在民族地区大力发展经济，完善基础设施建设，深入推进民族地区的教育、文化建设，加大法治宣传力度，创新宣传方式（如派发生动有趣的宣传手册、增加广播宣传和地方巡回法庭开庭次数、发布经典案例等），尊重少数民族的风土人情，文明执法，亲和行政，才能使国家法在民族地区更有效地推行，实现基层法治建设的目标。

附录5　民族习惯法与国家法的关系调查问卷（恭城瑶族自治县村民用）

您好！我们是广西师范大学法学院的师生及广西地方法治与地方治理研究中心的工作人员，目前在做关于民族习惯法与国家法关系的调查研究，请您根据您所知的情况在相应选项前打"√"，无特别说明外均为单项选择题。谢谢您的合作！

您的基本情况：

年龄：

A. 20 岁以下　　　　　　　　　B. 21 岁到 30 岁

C. 31 岁到 50 岁　　　　　　　 D. 51 岁到 60 岁

E. 60 岁以上

性别：

A. 男　　　　　B. 女

民族：

A. 汉族　　　　B. 瑶族　　　　C. 壮族　　　　D. 其他

文化程度：

A. 小学　　　　B. 初中　　　　C. 中专　　　　D. 高中

E. 大专　　　　F. 大学及以上

职业：

A. 务农　　　　B. 个体经商　　C. 其他

1. 目前村里发生最多的纠纷事件是：

A. 土地山林纠纷　　　　　　　　B. 赡养纠纷

C. 借贷纠纷　　　　　　　　　　D. 邻里纠纷

E. 其他

2. 在村里发生纠纷后，主要的解决方式是：

A. 按照村规民约解决   B. 村里的老人进行调解

C. 自己私下或宗族解决   D. 找村干部或政府部门调解

E. 上法庭

3. 您对上法庭有什么看法？

A. 成本费用高   B. 有一定必要

C. 怕邻里笑话   D. 没有必要

4. 村中对于违反村规民约、石牌律或习惯法的村民一般会受到怎样的处罚？（可多选）

A. 经济罚款   B. 惩罚与教育相结合

C. 捆打   D. 没收财产

D. 游村喊寨   E. 其他

5. 您觉得村规民约对村民的处罚合理吗？

A. 非常合理   B. 基本合理   C. 不合理   D. 不清楚

6. 村中对伤害他人或杀害他人的案件是怎么处理的？

A. 私下解决

B. 寨老或村中有威望的老人审判

C. 根据村规民约处理

D. 交由派出所

7. 村中对违反村规民约或习惯法、石牌律的村民会因其年龄或精神状况而区别处罚吗？

A. 会区别处罚   B. 都一视同仁

C. 视情况而定

8. 你们的村规民约一般由谁制定？

A. 寨老或村中有威望的老人   B. 全村寨的人

C. 村委会   D. 咨询司法工作人员

9. 您觉得村中老人会或寨老的主要作用是：

A. 解决各种纠纷   B. 教育作用

C. 维护治安　　　　　　　　D. 保护传统习惯

E. 其他

10. 您觉得国家的法律影响大还是村规民约的影响大？

A. 国家法律影响大　　　　　B. 村规民约影响大

C. 二者基本差不多

11. 您和您身边的人一般是在哪一年龄段结婚的？

A. 20 岁以下　　　　　　　　B. 20 岁到 25 岁

C. 25 岁到 30 岁　　　　　　D. 30 岁以上

12 据您了解，村中有哪些结婚形式？（可多选）

A. 女方嫁到男方家中　　　　B. 招郎上门

C. 两头婚住　　　　　　　　D. 其他

13. 村中各家财产分割的主要方式是：

A. 父母说了算　　　　　　　B. 家庭会议决定

C. 由法庭公断

14. 儿子和女儿在继承方面是不是公平对待？

A. 同等对待　　　　　　　　B. 有一些差别

C. 完全不一样

15. 您认为以下哪些人具备继承财产的资格？（可多选）

A. 入赘的儿子　　　　　　　B. 出嫁的女儿

C. 父母　　　　　　　　　　D. 妻子

E. 未婚的女儿

F 对死者尽了主要赡养义务的丧偶儿媳或女婿

16. 您认为以下哪些人有对父母尽赡养扶助的义务？（可多选）

A. 成年的儿子　　　　　　　B. 入赘了的儿子

C. 入赘的女婿　　　　　　　D. 出嫁的女儿

E. 儿媳　　　　　　　　　　F. 成年而未出嫁的女儿

G. 其他

17. 您所居住的地方使用的丧葬方式是：

A. 土葬　　　B. 火葬　　　C. 岩葬　　　D. 挂藏

233

E. 其他

18. 您对本地的丧葬习俗的看法是：

A. 程序简易方便　　　　　　　B. 程序繁杂且耗时间

C. 不清楚

19. 据您了解，村中是否还会有村民用结草标来表示占有物品？

A. 有　　　　　B. 没有　　　　C. 不清楚

20. 您对结草标表示占有物品的看法是：

A. 非常方便　　B. 有些麻烦　　C. 不太合理　　D. 不清楚

21. 村中划分农田的主要方式是：

A. 有威望的老人进行划分

B. 村委会或政府进行划分

C. 祖辈传承

D. 自己开垦

22. 您觉得当地的习惯法可以有效地解决各类纠纷并实现民族地区的稳定吗？

A. 完全可以　　B. 基本可以　　C. 不可以　　　D. 不知道

23. 如果当地的习惯法与国家法律发生冲突，您会怎么解决？

A. 坚持习惯法　　　　　　　　B. 服从国家法律

C. 两者相结合　　　　　　　　D. 不知道

24. 据您了解，当地基层政府是否经常开展普法宣传活动？

A. 经常开展　　　　　　　　　B. 偶尔开展

C. 基本不开展　　　　　　　　D. 不知道

25. 您觉得应该如何完善你们的习惯法（可多选）？

A. 加强与国家法的接轨

B. 进一步弘扬少数民族的习惯法优势

C. 将国家法律与少数民族习惯法灵活结合

D. 保留村民普遍认可的习惯法

附录6　民族习惯法与国家法的关系调查问卷（工作人员用）

尊敬的工作人员：

您好！我们是广西师范大学法学院的师生、广西地方法治与地方治理研究中心的工作人员，目前在做关于民族习惯法与国家法关系的调查研究。恳请您花3~5分钟填写本问卷，请您根据您所知的情况在相应选项前打"√"，无特别说明外均为单项选择题。您的意见和建议对我们的调研非常重要，本问卷所有题目答案均无对错之分，所有答案仅用于学术研究，请您放心填写。感谢您的合作！

1. 您的性别：

A. 男　　　　　　B. 女

2. 您的民族：

A. 汉族　　　　B. 瑶族　　　　C. 其他

3. 您受教育的程度：

A. 大专及以下　　　　　　B. 本科

C. 硕士　　　　　　　　　D. 博士及博士后

4. 您工作的年限：

A. 三年以下　　　　　　　B. 三到五年

C. 五到十年　　　　　　　D. 十年以上

5. 据你了解，恭城瑶族是否有自己民族的习惯法或者村规民约？

A. 一般都有　　B. 一般没有　　C. 不清楚

6. 据您了解，恭城瑶族聚居的基层政府在解决纠纷中的作用如何？

A. 作用很大　　　　　　　　B. 在一定的程度上起作用

C. 不起作用

7. 您觉得当地的习惯法可以有效地解决各类纠纷并实现民族地区的安稳吗？

A. 可以　　　　B. 不可以　　　　C. 不知道

8. 您认为恭城瑶族习惯法与国家法的冲突明不明显？

A. 明显　　　　B. 不明显　　　　C. 一般

9. 当习惯法与国家法冲突时，您会以哪个条例来处理纠纷？

A. 国家法　　　　B. 习惯法　　　　C. 视情况而定

10. 据您了解，恭城瑶族的老人会制度或村寨中的寨老的主要作用是：

A. 解决各种纠纷　　　　　　B. 教育作用

C. 维护治安　　　　　　　　D. 保护传统习惯

E. 其他

11. 您认为恭城瑶族习惯法重视族民的人格尊严和人身自由吗？

A. 重视　　　　B. 不重视　　　　C. 不清楚

12. 请问，政府对恭城瑶族民众不报案而按照习惯法处理的伤人或杀人刑事案件是否主动干预？

A. 多数主动干预　　　　　　B. 少数干预

C. 不清楚

13. 据您了解，恭城瑶族是否还存在猎杀和买卖国家保护野生动物的行为？

A. 存在　　　　B. 不存在　　　　C. 不清楚

14. 您认为在社会治安方面，恭城瑶族习惯法与国家法的冲突体现为？

A. 处罚对象不同　　　　　　B. 实施处罚者不同

C. 处罚的依据不同　　　　　D. 处罚的内容不同

E. 其他

15. 您觉得恭城瑶族未达到法定年龄就结婚的现象普遍吗？

A. 普遍　　　　　B. 很少　　　　C. 不清楚

16. 据您了解，恭城瑶族聚居的村落存在什么结婚形式？

A. 女嫁到男家　B. 招郎上门　　C. 两头往婚　　D. 其他

17. 据您了解，恭城瑶族是否还存在买卖婚姻或父母包办婚姻的现象？

A. 存在　　　　　B. 不存在　　　C. 不清楚

18. 您认为恭城各地的殡葬设施建设是否完善？

A. 基本完善　　B. 有待加强　　C. 欠缺颇多

19. 据您了解，恭城瑶族人们办丧事是否符合文明节俭要求？

A. 大多基本符合　　　　　　B. 一般不符合

C. 不清楚

20. 您所居住的地方使用的丧葬方式有哪些？（多选）

A. 土葬　　　　B. 火葬　　　　C. 岩葬　　　　D. 挂藏

E. 其他

21. 您认为在丧葬方面，恭城瑶族习惯法与国家要求相冲突的方面有哪些？

A. 丧葬方式不同　　　　　　B. 丧葬程序不同

C. 丧葬墓地不同　　　　　　D. 其他

22. 据您了解，目前哪些方面的纠纷会使村民诉诸政府机关？

A. 土地山林纠纷　　　　　　B. 婚姻家庭纠纷

C. 赡养纠纷　　　　　　　　D. 伤人纠纷

E. 财产纠纷　　　　　　　　F. 其他

23. 请问，政府进行法律普及的方式有哪些？

A. 下发法律知识海报

B. 让乡镇自行组织普法活动

C. 对政府工作人员进行普法考试

D. 增添法律读本给村民文化建设性质的图书馆

E. 其他

24. 您觉得应该如何解决民族习惯法与国家法的冲突（多选）？

A. 加强与国家法的接轨

B. 进一步弘扬少数民族的习惯法优势

C. 将国家法律与少数民族习惯法灵活结合

D. 保留村民普遍认可的习惯法

E. 加强基层工作人员的普法工作

后　记

　　本书在广西特色新型智库联盟 2018 年重大招标课题研究报告的基础上修改而成。由于这是一个新的领域，资料匮乏，所以在研究过程中，遇到了不小的困难，甚至社科界有些同行对课题本身也产生了疑问，"后发优势这个概念是否科学？民族地区法治建设的后发优势是否存在？"但笔者坚信，任何事物都有相反相成的一面，既有后发劣势，就有后发优势，甚至从另一个角度看，劣势本身也可以转化为优势，所谓"阴阳互易""危中有机"。我国、东亚乃至世界多个国家、地区的法治实践也证明了这一点。

　　在倡行依法治国的当下，我们希望在法治土壤原本比较"贫瘠"的西部民族地区，也能绽放出法治文明的灿烂花朵。为此，笔者结合有关理论，包括借鉴经济学理论和多个地方的实践对民族地区法治建设的后发优势以及如何发挥这种优势作了论证、设计，但由于时间紧促、我们精力和智识有限，探讨未必全面，论证未必充分。现不揣冒昧予以付梓，仍盼方家、读者朋友多多指正。

　　本书是课题组全体成员的劳动成果，广西师范大学法学院多位教师和研究生参与其中。根据撰写顺序，分工如下：殷娜、曹鹤腾撰写第 1 章；梁恩树撰写第 2 章；陶斌智、王志勇撰写第 3 章；陈宗波、夏灿撰写第 4 章；杨祝顺撰写第 5 章；段海风、林菲菲、何丽琼撰写第 6 章；在第 7、8 章的各地经验分析中，赵倩雯、林菲菲、成立文、郑小蒙、李思、吴姜静、王志勇、何丽琼等分别对凭祥、都安、罗城、象州、扶绥、龙胜、金秀、贵州等地如何充分利用后发优势的法治经验进行归纳总结；此外，赵倩雯、俞敏枝、劳园霞、石嫣、张馨悦、吴柳珍等同学承担了调查问卷的制作、使用和统计分析；张融、黄呈宝、黄术、叶莉、邝达、张瑾、苏荣瞬等参与书稿局部的撰写和修改。全书由主编陈宗波、段海风两位教授进行整体编排设计、统稿和修改完善。

在本书的编写中，吸收、借鉴了公丕祥、周世中、郭剑平等教授的有关研究成果和思想智慧，一并致谢！所涉各地司法局、法院等有关部门工作人员或为我们提供了宝贵的素材和建议，或热情接待我们的调研，给课题研究创造了便利条件。同时，也感谢知识产权出版社的高效工作，编辑们严谨、专业的态度，为保证本书的学术水准提供了重要的建议，减少了纰漏。不过，由于种种原因，差错肯定仍然存在，还请业内外同人不吝赐教，以便我们将来有机会加以修订或更正。